华园记忆

HUAYUAN JIYI

冯小宁　黄　玲　主编

华南理工大学出版社
SOUTH CHINA UNIVERSITY OF TECHNOLOGY PRESS
·广州·

图书在版编目（CIP）数据

华园记忆/冯小宁，黄玲主编. —广州：华南理工大学出版社，2020.1
ISBN 978-7-5623-6160-2

Ⅰ. ①华… Ⅱ. ①冯… ②黄… Ⅲ. ①华南理工大学－文物－介绍
Ⅳ. ①G649.286.51 ②K872.651

中国版本图书馆CIP数据核字（2020）第006029号

华园记忆
冯小宁 黄 玲 主编

出 版 人：卢家明
出版发行：华南理工大学出版社
（广州五山华南理工大学17号楼，邮编510640）
http://www.scutpress.com.cn E-mail:scutc13@scut.edu.cn
营销部电话：020-87113487 87111048（传真）
策划编辑：周莉华
责任编辑：蔡亚兰
印 刷 者：广州市新怡印务有限公司
开 本：965mm×1270mm 1/16 印张：11.75 字数：153千
版 次：2020年1月第1版 2020年1月第1次印刷
定 价：198.00元

编辑委员会

序

华南理工大学是一所办学历史悠久的高等学府，最早可溯源至1918年成立的广东省立第一甲种工业学校，正式组建于1952年，是新中国“四大工学院”之一。百年来，华工始终勇立时代潮头，坚持与国家同步伐、与民族共命运，培养了大批优秀人才，产出了一批先进的科研成果，为新中国的革命、建设和改革事业做出了重要贡献，被誉为“工程师的摇篮”“企业家的摇篮”。在这个红砖绿瓦、古树繁花的校园里，珍藏着一批文物藏品，它们记载着前辈先贤筚路蓝缕的奋斗历程，述说着华工人砥砺奋进的历史与荣光，镌刻着华工独特的精神与文化。

习近平总书记指出，“文物承载灿烂文明，传承历史文化，维系民族精神，是老祖宗留给我们的宝贵遗产，是加强社会主义精神文明建设的深厚滋养。”文物也是传承大学文化的重要载体，能够有效提升学校的品位，彰显学校的魅力。当我们诵读历史典籍，叙谈几代华工人风雨传薪的心路历程；当我们轻抚碑石凉亭，铭记烽火岁月留下的历史印记；当我们翻开时光留影，倾听华工人栉风沐雨的动人故事，总会勾起一些心绪，或激起层层涟漪，或投下一抹静谧。这些独特的文化符号，承载着华工人追求民族振兴、兴学强国的红色基因和创新基因，激励着一代又一代华工人厚德尚学、自强不息、务实创新、追求卓越。

保护文物功在当代、利在千秋。建校67年来，华工一直非常重视文物藏品的保护，致力于发掘、展示和保存那些珍贵的文化传承品和历史见证物。2013年以来，我有幸分管图书和档案工作，为保护文物藏品做了一些工作，保护了一些文化典籍、珍贵字画等。如今档案馆藏品已多达1000余件，丰富的文物藏品在助力学校教学科研、校园文化建设和育人等方面发挥了积极的作用。

2018年，学校启动了对华园文物藏品的追寻之旅，出版了《华园品藏》。经过精心挖掘和整理，各类藏品逐步与大家见面。如今《华园记忆》一书成稿，是这段追寻之旅的又一重要成果。为了更加真实、完整地解读华园每一块石头、每一棵树、每一张老照片背后的故事，华园档案人翻阅了数不清的书籍和资料，采访了数不清的师生校友，踏遍了校园的每一个角落，试图为大家打造一片再现华南理工大学百年发展历程的记忆时空，而这种一步一个脚印寻找记忆的过程，正是本书的价值所在。本书深入挖掘了华南理工大学百年办学史上生成、使用并保存至今的大量建筑、石刻、典籍、印章和老照片，从珍藏了一个世纪的民国典籍，到展现动荡岁月学校机构更迭的行政印章，再到新时代筑就奇趣校园的石刻，它们作为极具华园特色的历史文化传承品，或展现了老一辈华工人在抗日救国道路上的英勇无畏，或凝聚了近代学人为实现科技兴国付出的不懈努力，或表达了新时代华工人对母校的眷顾情深。这一段段悠久而难忘的记忆使人动容，引人深思回味，相信可以给读者带来一些启迪与感动。

2019年，是中华人民共和国成立70周年。希望以此书礼赞新中国，为我们伟大的中华人民共和国庆祝生日，祝福祖国未来更加繁荣昌盛，祝福华南理工大学的明天更加美好！

朱敏

2019年10月

华园记忆

前言

档案管理与社会记忆有着密切关系早已成为共识。早在1950年召开的第一届国际档案大会上，国际档案理事会主席、法国国家档案局局长布莱邦便指出，档案是一个国家的“记忆”，档案馆保存的是一个国家最宝贵的东西，即一个国家的历史证据和作为国家灵魂的材料。

高校档案馆保存了学校及校内各单位从事招生、教学、科研、管理等活动直接形成的，对学校和社会有保存价值的大量文件史册。这些档案凝聚了高校多年来历史发展的经验教训和成果结晶，记录着学校从过去到现在、从无到有的发展历程，它们既是校园记忆的载体，又是记忆本身，具有极高的编研价值。触摸华园百年发展史，离不开对校园档案的开发利用和研究，《华园记忆》一书的大量素材和信息正是来自学校蕴藏丰富的档案馆藏。

《华园记忆》是继《华园品藏》后，华南理工大学档案文化育人又一力作，凝聚着档案部门为宣传和保存校园历史文化做出的巨大努力和卓越贡献，是华南理工大学档案馆众志成城开展档案编研的又一重要成果。多年来，档案馆一直致力于对馆藏资源的开发利用，为此开展了大量的档案编研工作并挖掘出丰富而珍贵的资料，《华园记忆》一书便是我们发掘馆藏资源、开启校园记忆的一次大胆尝试。

该书内容丰富、形式活泼，采用文字、图片和影像多角度展示。书中收录了大量华园新老照片，使记忆追溯跨越了时空的维度；摄影摄像过程中运用了航拍技术，更是极大地提升了校园景观的广度和深度。不仅如此，《华园记忆》还延续了《华园品藏》的新媒体特色，读者使用手机轻扫书中的二维码，即可观看华园中重要事物或记忆的影像。

在这个浮躁喧嚣的时代，依然有我们这样一群踏踏实实的档案人，专业管档案，潜心做研究，为传承华园文化、发挥档案育人功能不遗余力、恪尽职责，体现了在学校党委领导下档案管理部门的责任感和担当意识。本书在编写过程中，得到了学校领导的高度重视和悉心指导，同时还得到了学校办公室、党委宣传部、保卫处、土木与交通学院、材料科学与工程学院、工商管理学院、图书馆、出版社等单位的热情帮助和大力支持，在此一并致以衷心的感谢！

本书由于篇幅有限，难免会有遗珠之憾，不足之处，欢迎读者多提宝贵意见。

编　者

2019年10月

目录

华园记忆

第一章

DIYI ZHANG
GAOWEN YADIAN

高文雅典

同人等爰印行斯刊，藉资观摩，非敢语于述作，实亦抛砖引玉之意，俾本院员生得尽瘁于学术之钻研，而完成建设新中国之使命，斯则同人等所馨香以祝者也。

——原国立中山大学教务长、工学院教授兼院长萧冠英《工学季刊（创刊号）·发刊词》

华南理工大学办学历史悠久，最早可追溯至20世纪初期。百年校史传承，馥郁书香流芳，学校档案馆珍藏的历史档案资料中，包括原国立中山大学工学院、华南联合大学理工学院、岭南大学理工学院、广东工业专科学校等源头院校早年编印的刊物、论文集、毕业同学录、毕业名册，等等。

这些原始档案历经百年依然保存完好，是校史研究不可多得的第一手史料。它们记录着华南地区一代学人奋发强国的决心，见证着战争岁月源头院校的艰苦开创与磨难中的成长，是今日华园人学习的榜样与奋进的力量。

《国立中山大学成立十周年新校落成纪念册》

《国立中山大学成立十周年新校落成纪念册》是一本记录1934年11月11日原国立中山大学成立十周年兼石牌新校区（现为华南理工大学五山校区和华南农业大学校园）落成典礼的喜庆与盛况的纪念册，由原国立中山大学出版部于庆典当日付印出版。

该纪念册以孙中山先生遗嘱和学校九大董事为序，以校史介绍和石牌新校舍记开篇，将外宾和教职员的贺函祝词、诗赋词联、各界赠品和论著悉数登载，以表达各界人士对原国立中山大学成立十周年及石牌新校区落成的祝贺。书中穿插了新旧校区建筑物图和正在建设中的大楼图，如旧校鸟瞰图、旧校校门、新校农学院养蚕及调桑室、新校全景、建筑中的工学院电气制图室及电流波实验室等。

据该纪念册中记载，为了纪念和庆祝这一历史时刻，校内各部门、各学院开展了形式多样的展览，还举行了第四次全校运动大会。

最后，纪念册以当时十年来全校教职员人数、学生人数、出版书籍及刊物作为总结收尾。

扫码观看“《国立中山大学成立十周年新校落成纪念册》”视频

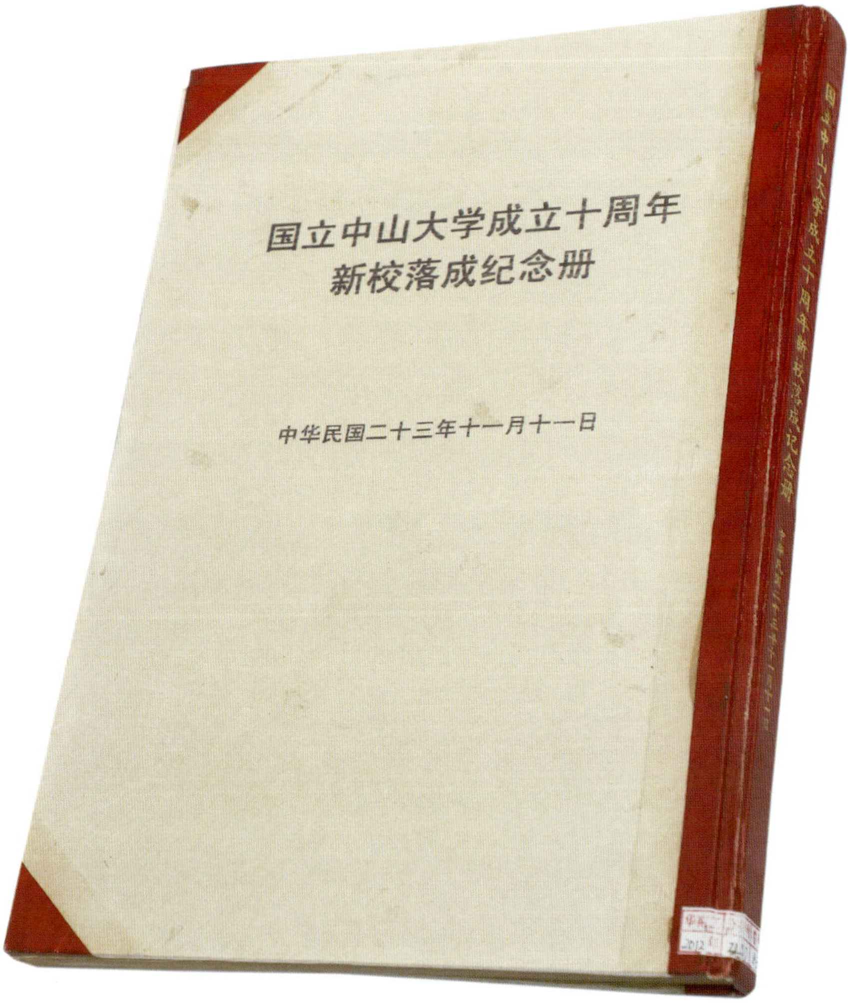

孙中山先生遗像和遗嘱

“国立中山大学新校舍记”碑文拓印

原国立中山大学董事

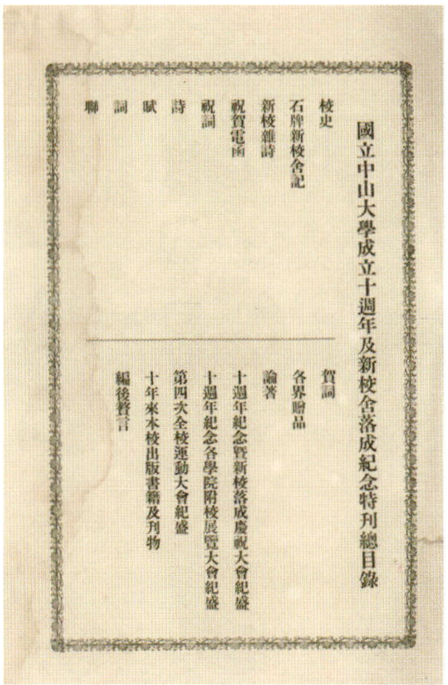

國立中山大學成立十週年及新校舍落成紀念特刊總目錄

校史
石牌新校舍記
新校雜詩
祝賀電函
祝詞
詩
賦
詞
聯
賀詞
各界贈品
論著
十週年紀念暨新校落成慶祝大會紀盛
十週年紀念各學院附校展覽大會紀盛
第四次全校運動大會紀盛
十年來本校出版書籍及刊物
編後贅言

《国立中山大学成立十周年新校落成纪念册》总目录

原国立中山大学石牌校区奠基石，该石现已遗失

由时任校长邹鲁手书的总理遗训刻石及其手植柏树

由时任校长邹鲁手书的“筚路蓝缕 以启山林”八字刻石，该石现已遗失

庆祝典礼现场留影

原国立中山大学附小童军参加检阅及表演留影

国立中山大学工学院毕业生名册

原国立中山大学工学院于1934年8月由该校理工学院分设而出，并于同年9月搬迁至石牌新校区办公与教学，共有土木、化工、电气、机工、建工5系。1952年全国院系调整，中大工学院整体并入华南工学院。

华南理工大学档案馆存有1934—1951年度原国立中山大学工学院毕业生名册及证书签领册，共计19册，记录了此间历届毕业生名单或签领登记情况及相关文件。由名册看出，毕业生多为广东生源，亦有少数来自江西、广西、福建、湖北、湖南等地。已然成为华南理工大学教授的1949届毕业生唐国俊，1951届毕业生陈楷、梁启智、陆元鼎、邓景流、潘观海等均在名册之中，他们分别于1952年、1953年调入华南工学院任教。其中，机械工程系1937级校友冯颂明曾于2013年，以98岁高龄携亲属莅校访问，向机械与汽车工程学院学子捐赠200万元助学，并欣喜地接受了档案馆为其提供的在校学习期间的学籍档案。

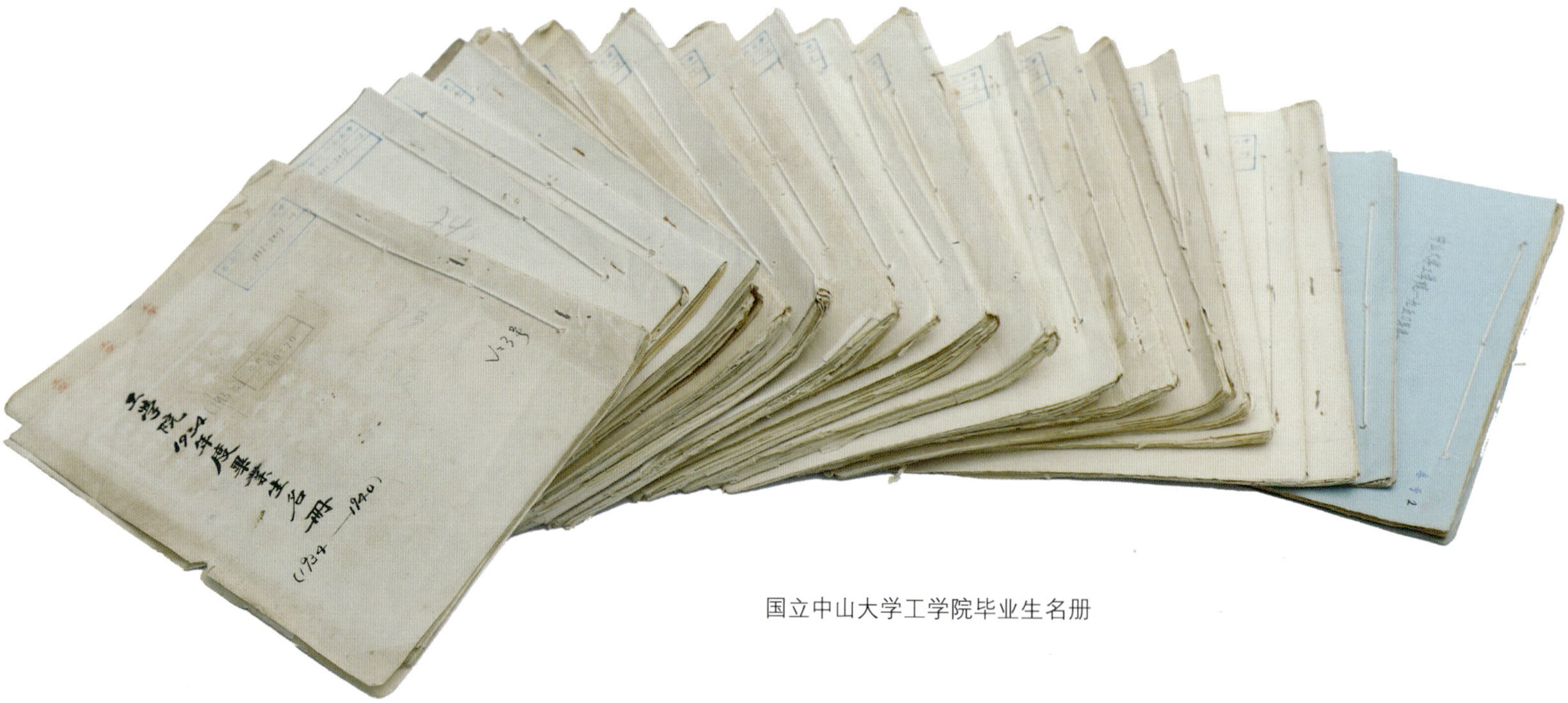

国立中山大学工学院毕业生名册

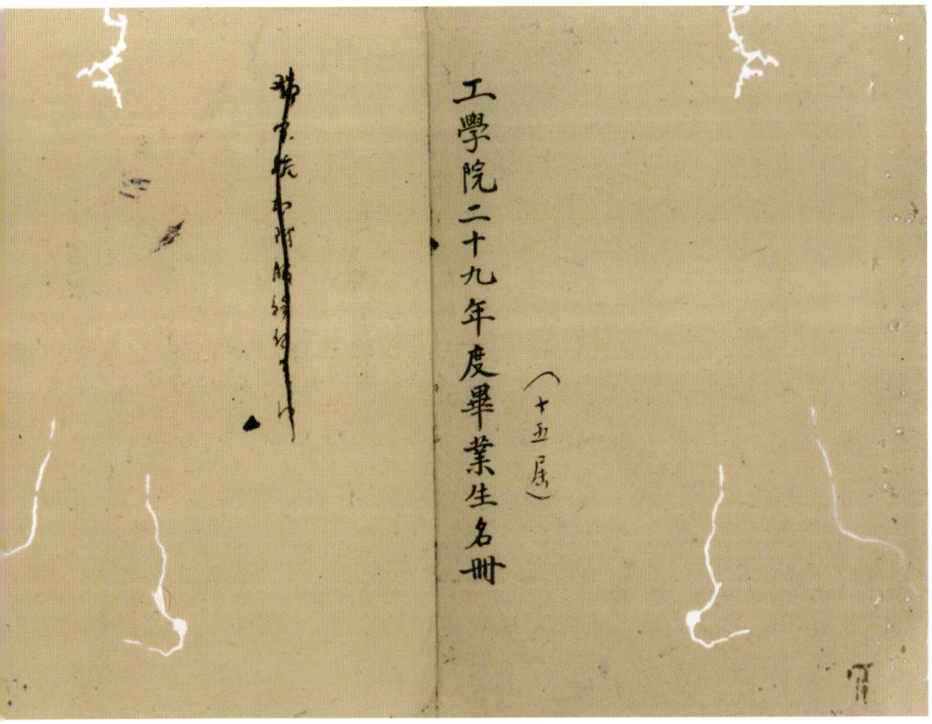

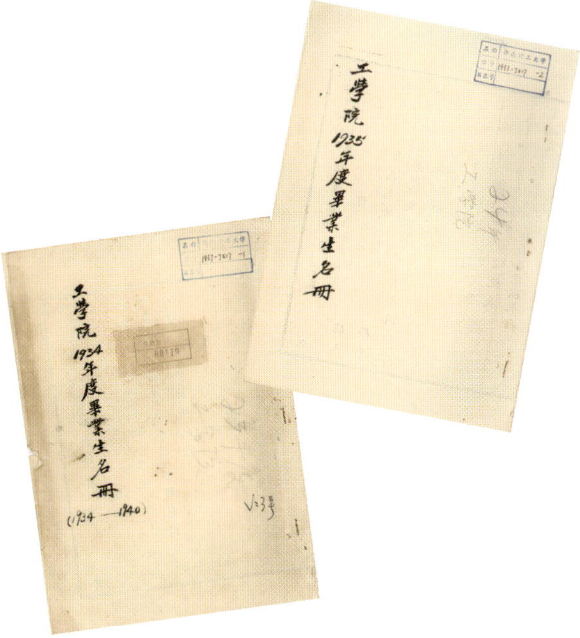

国立中山大学工学院毕业生名册封面

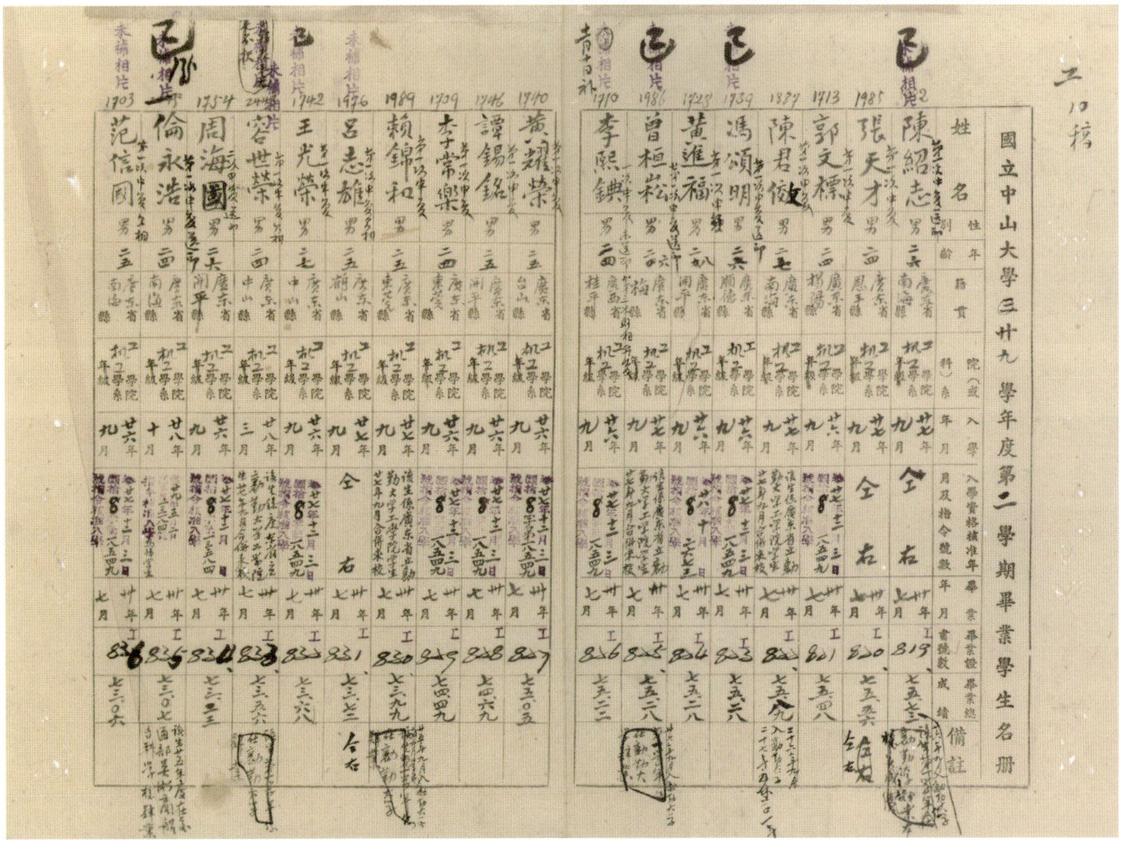

原国立中山大学工学院机械工程系1937级校友冯颂明所在的名册内页

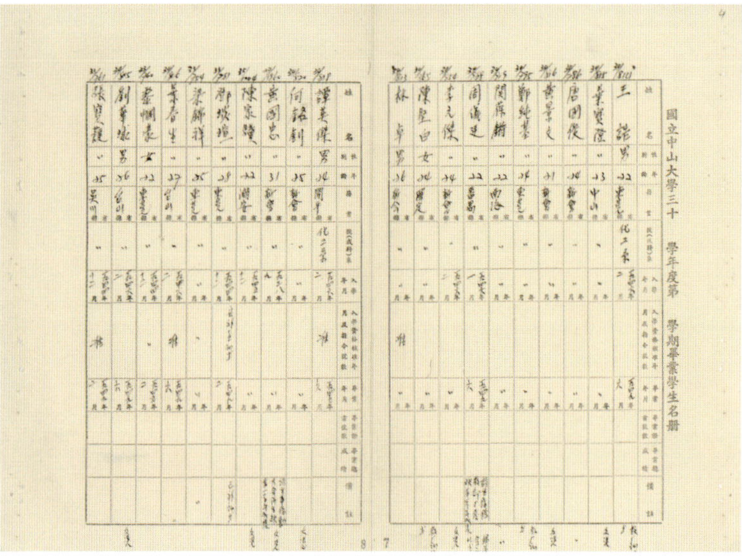

华南理工大学教授唐国俊所在的名册内页

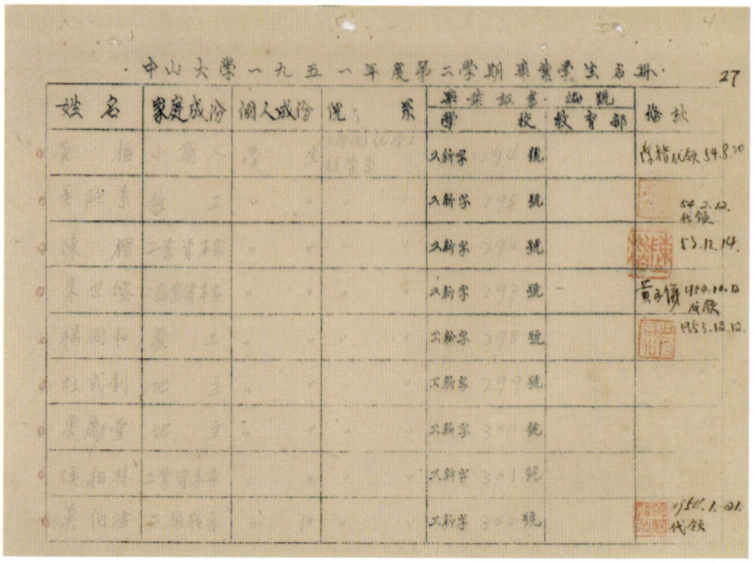

华南理工大学教授陈楷所在的名册内页

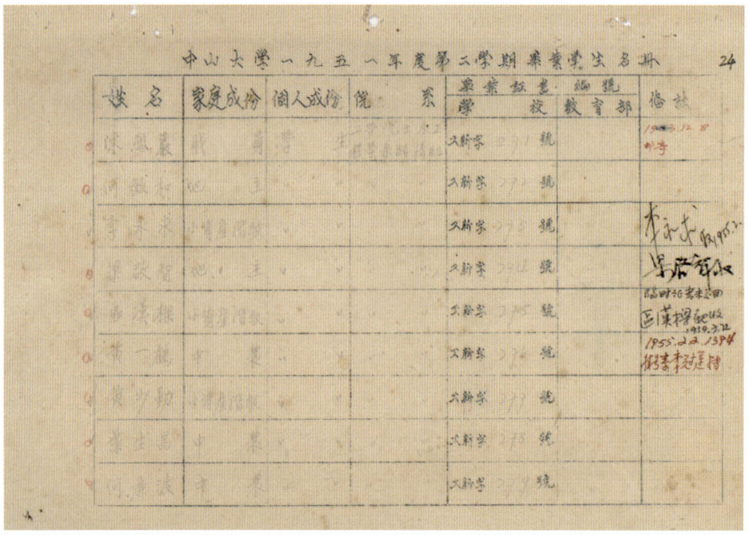

华南理工大学教授梁启智所在的名册内页

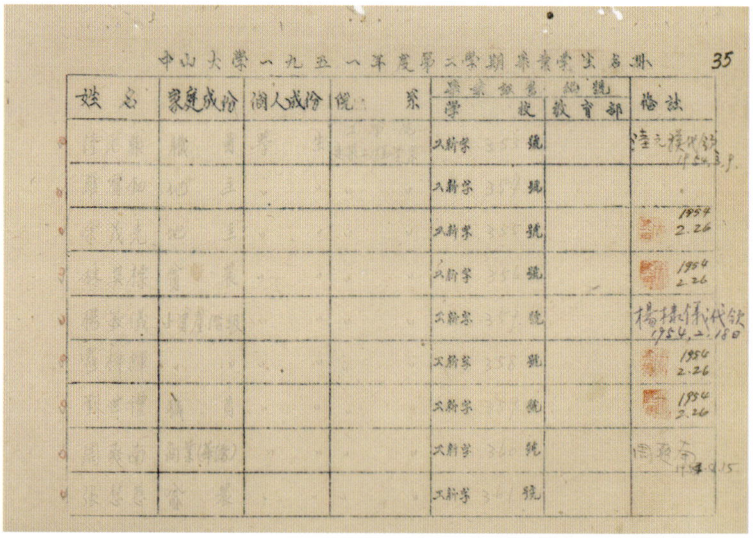

华南理工大学教授陆元鼎所在的名册内页

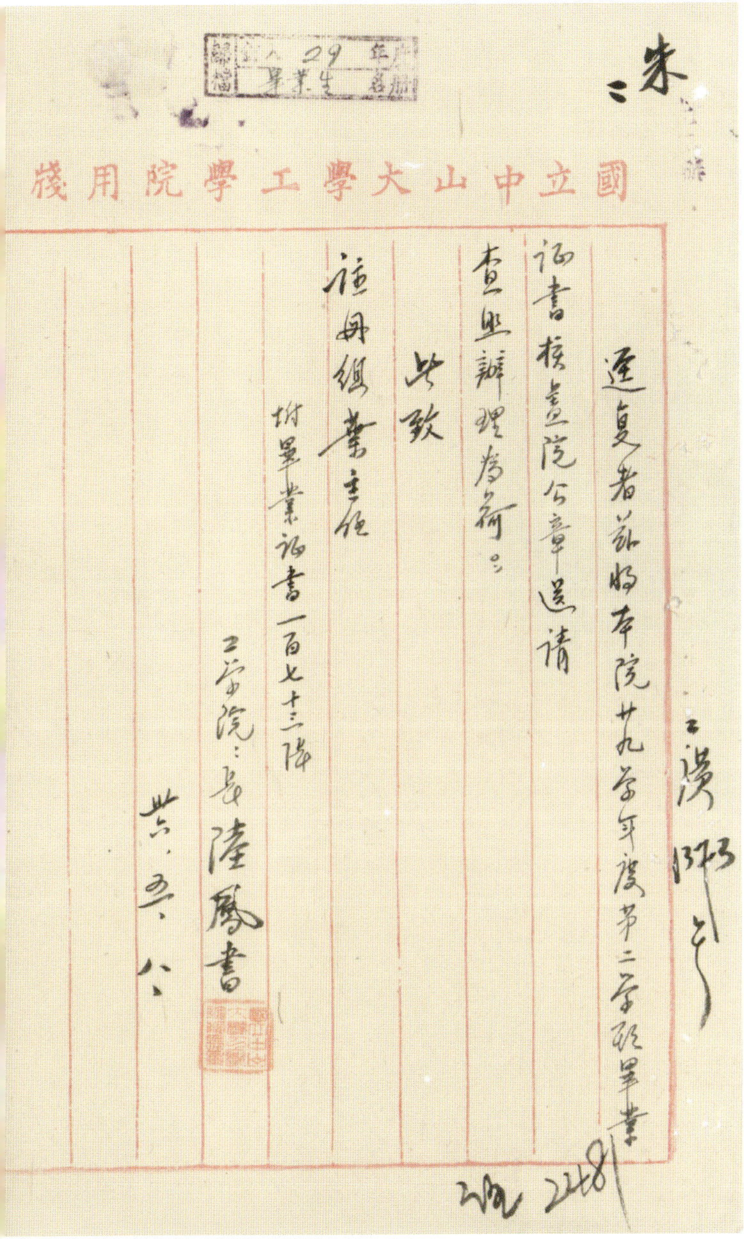
國立中山大學工學院用箋

逕复者茲將本院廿九年度第二學期畢業證書核蓋院公章送請查照辦理為荷

此致

註冊組業主任

附畢業證書一百七十三張

工學院院長陸鳳書

毕业生名册所附相关文件：时任原国立中山大学工学院院长陆凤书签发工学院1940届毕业生毕业证书核盖院公章事宜

2013年12月20日，学校接受冯颂明校友捐赠

《工学季刊》第一、第二卷

《工学季刊》由原国立中山大学工学院编辑，校出版部发行，于1935年2月创刊，每年一卷，每卷4期，刊名由时任校长邹鲁题写。华南理工大学档案馆存有1935年及1936年发行的第一、第二卷，包括创刊号在内，总共8期。

《工学季刊》的发刊词由时任国立中山大学教务长、工学院教授兼院长萧冠英撰写，发文内容多为工学院教员或校外人士的最新科研成果、相关工业发展历史及工业信息，含研究报告、译述、评论及书报介绍等。创刊号中登载了原国立中山大学工学院筹备经过及现况；在工学院教职员名单中，方棣棠、康辛元、罗雄才、李敦化、徐学澥等华南理工大学知名教授在列。

在20世纪30年代社会风云变幻、科技仍不发达的历史时期，工学院前辈怀抱科技强国之壮志，克服资金匮乏等困难创办的《工学季刊》，为工科类专业的师生、同仁提供了一个难得的学术交流平台。

扫码观看“《工学季刊》第一、第二卷”视频

《工学季刊》第一、第二卷

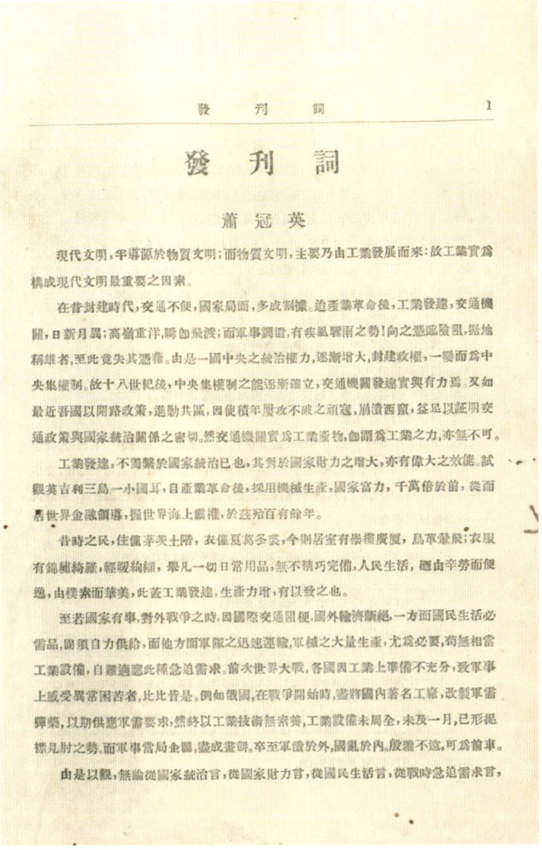

發　刊　詞　　1

發刊詞

蕭冠英

現代文明，半導源於物質文明；而物質文明，主要乃由工業發展而來：故工業實爲構成現代文明最重要之因素。

在昔封建時代，交通不便，國家局面，多成割據。迨產業革命後，工業發達，交通機關，日新月異；高嶺重洋，瞬息飛渡；而軍事調遣，有疾風驟雨之勢！向之憑臨險阻，據地稱雄者，至此覺失其憑藉。由是一國中央之統治權力，逐漸增大，封建政權，一變而爲中央集權制。故十八世紀後，中央集權制之能逐漸確立，交通機關發達實與有力焉。又如最近吾國以開路政策，進勦共區，因使積年屢攻不破之頑寇，崩潰西竄，益足以証明交通政策與國家統治關係之密切。然交通機關實爲工業產物，即謂爲工業之力，亦無不可。

工業發達，不獨繫於國家統治已也，其對於國家財力之增大，亦有偉大之效能。試觀英吉利三島一小國耳，自產業革命後，採用機械生產，國家富力，千萬倍於前，從而居世界金融領導，握世界海上霸權，於茲殆百有餘年。

昔時之民，住僅茅茨土階，衣僅夏葛冬裘，今則居室有崇樓廣廈，鳥革翬飛；衣服有錦繡綺羅，輕暖綿細，舉凡一切日常用品，無不精巧完備，人民生活，趨由辛勞而便逸，由樸素而華美，此蓋工業發達，生產力增，有以致之也。

至若國家有事，對外戰爭之時，因國際交通阻梗，國外輸濟斷絕，一方面國民生活必需品，固須自力供給，而他方面軍隊之迅速運輸，軍械之大量生產，尤爲必要，苟無相當工業設備，自難適應此種急迫需求。前次世界大戰，各國因工業上準備不充分，致軍事上感受異常困苦者，比比皆是。例如俄國，在戰爭開始時，盡將國內著名工廠，改製軍需彈藥，以期供應軍需要求，然終以工業技術無素養，工業設備未周全，未及一月，已形捉襟見肘之勢。而軍事當局全圖，盡成畫餅。卒至軍潰於外，國亂於內。殷鑒不遠，可爲前車。

由是以觀，無論從國家統治言，從國家財力言，從國民生活言，從戰時急迫需求言，

《工学季刊》创刊号发刊词

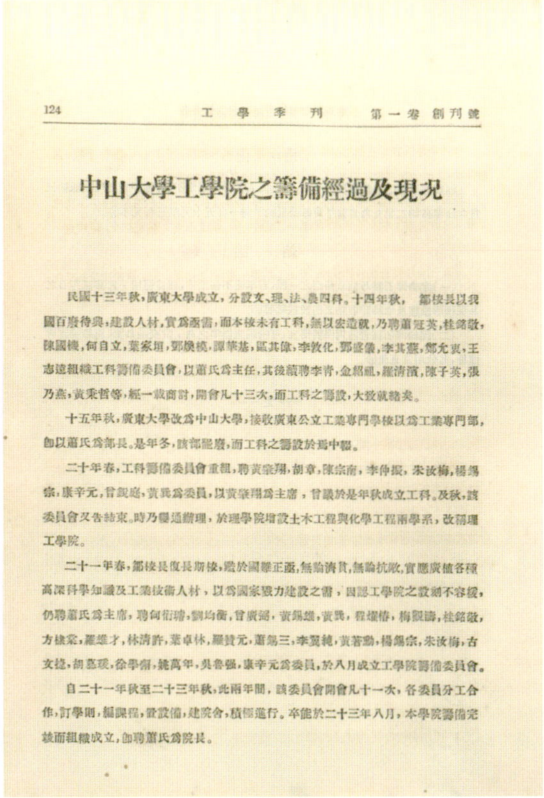

124　　工　學　季　刊　　第一卷 創刊號

中山大學工學院之籌備經過及現況

民國十三年秋，廣東大學成立，分設文、理、法、農四科。十四年秋，鄒校長以我國百廢待興，建設人材，實爲亟需，而本校未有工科，無以宏造就，乃聘蕭冠英，桂銘敬，陳國機，何自立，葉家垣，鄧煥棧，譚華基，區其偉，李敦化，鄧盛儀，李其蓀，鄒允衷，王志遠組織工科籌備委員會，以蕭氏爲主任，其後續聘李青，金紹組，羅清濱，陳子英，張乃燕，黃秉哲等，經一歲商討，開會凡十三次，而工科之籌設，大致就緒矣。

十五年秋，廣東大學改爲中山大學，接收廣東公立工業專門學校以爲工業專門部，即以蕭氏爲部長。是年冬，該部罷廢，而工科之籌設於焉中輟。

二十年春，工科籌備委員會重組，聘黃肇翔，胡章，陳宗南，李仲振，朱汝梅，楊錫宗，康辛元，曾鎮庭，黃巽爲委員，以黃肇翔爲主席，曾議於是年秋成立工科。及秋，該委員會又告結束。時乃變通辦理，於理學院增設土木工程與化學工程兩學系，改稱理工學院。

二十一年春，鄒校長復長斯校，鑑於國難正亟，無論濟貧，無論抗敵，實應廣植各種高深科學知識及工業技術人材，以爲國家努力建設之需，因認工學院之設刻不容緩，仍聘蕭氏爲主席，聘何衍璿，劉均衡，曾廣縉，黃錫雄，黃巽，程耀椿，梅觀濤，桂銘敬，方棣棠，羅雄才，林湧許，葉卓林，羅贊元，蕭篤三，李翼純，黃著勳，楊錫宗，朱汝梅，古文捷，胡恩瑗，徐學灝，姚萬年，吳魯強，康辛元爲委員，於八月成立工學院籌備委員會。

自二十一年秋至二十三年秋，此兩年間，該委員會開會凡十一次，各委員分工合作，訂學則，編課程，置設備，建院舍，積極進行。卒能於二十三年八月，本學院籌備完竣而組織成立，即聘蕭氏爲院長。

《工学季刊》创刊号刊发的《中山大学工学院之筹备经过及现况》

《工学季刊》创刊号封面

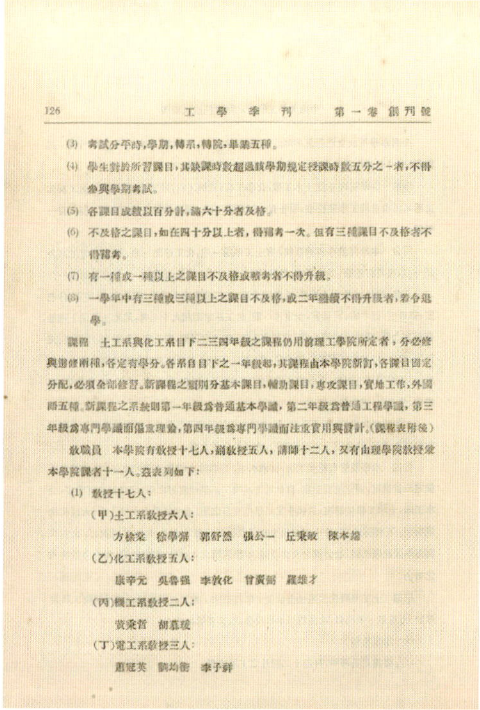
126　工學季刊　第一卷創刊號

(3) 考試分平時，學期，轉系，轉院，畢業五種。

(4) 學生對於所習課目，其缺課時數超過該學期規定授課時數五分之一者，不得參與學期考試。

(5) 各課目成績以百分計，滿六十分者及格。

(6) 不及格之課目，如在四十分以上者，得補考一次。但有三種課目不及格者不得補考。

(7) 有一種或一種以上之課目不及格或補考者不得升級。

(8) 一學年中有三種或三種以上之課目不及格，或二年繼續不得升級者，着令退學。

課程　土工系與化工系目下二三四年級之課程仍用前理工學院所定者，分必修與選修兩種，各定有學分。各系自目下之一年級起，其課程由本學院新訂，各課目固定分配，必須全部修習。新課程之類別分基本課目，輔助課目，專攻課目，實地工作，外國語五種。新課程之系統則第一年級爲普通基本學識，第二年級爲普通工程學識，第三年級爲專門學識而偏重理論，第四年級爲專門學識而注重實用與設計。(課程表附後)

教職員　本學院有教授十七人，副教授五人，講師十二人，又有由理學院教授兼本學院課者十一人。茲表列如下：

(1) 教授十七人：

(甲)土工系教授六人：

方棣棠　徐學澥　郭舒燕　張公一　丘秉敏　陳本端

(乙)化工系教授五人：

康辛元　吳魯强　李敦化　曾廣鋁　羅雄才

(丙)機工系教授二人：

黃秉哲　胡嘉琰

(丁)電工系教授三人：

蕭冠英　劉均衡　李子祥

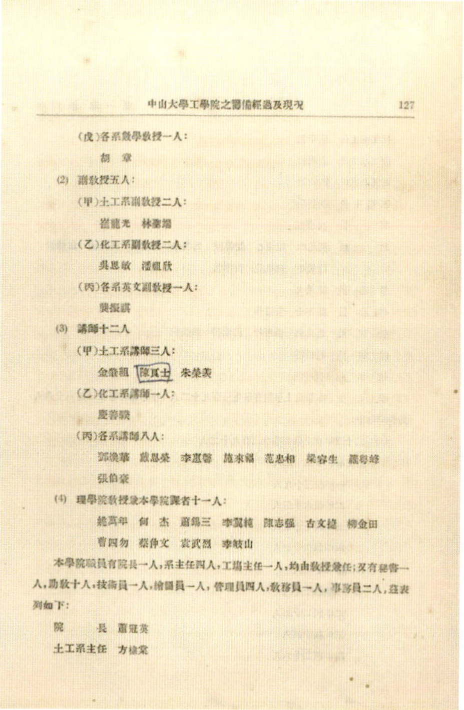
中山大學工學院之籌備經過及現況　127

(戊)各系數學教授一人：

胡　章

(2) 副教授五人：

(甲)土工系副教授二人：

崔龍光　林肇端

(乙)化工系副教授二人：

吳思敏　潘祖欣

(丙)各系英文副教授一人：

龔振祺

(3) 講師十二人

(甲)土工系講師三人：

金肇祖　陳頁士　朱榮英

(乙)化工系講師一人：

慶善駿

(丙)各系講師八人：

鄧煥華　龍思燊　李惠馨　施來福　范忠和　梁容生　羅粵峰

張伯棻

(4) 理學院教授兼本學院課者十一人：

桃萬年　何　杰　蕭錫三　李翼純　陳志强　古文捷　柳金田

曾昭勿　蔡仲文　袁武烈　李鼓山

本學院職員有院長一人，系主任四人，工場主任一人，均由教授兼任；又有秘書一人，助教十人，技術員一人，繪圖員一人，管理員四人，教務員一人，事務員二人，茲表列如下：

院　　長　蕭冠英

土工系主任　方棣棠

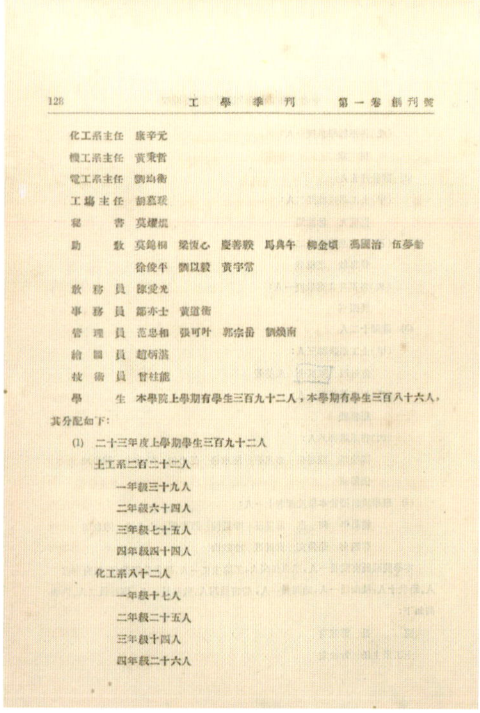
128　工學季刊　第一卷創刊號

化工系主任　康辛元

機工系主任　黃秉哲

電工系主任　劉均衡

工場主任　胡嘉琰

秘　　書　莫耀焜

助　　教　莫錦桐　梁恆心　慶善駿　馬典午　柳金熉　馮國治　伍夢齡

徐俊平　劉以毅　黃宇常

教務員　陳受光

事務員　鄧亦士　黃道衡

管理員　范忠相　張可叶　郭宗岳　劉煥南

繪圖員　趙炳滋

技術員　曾桂龍

學　　生　本學院上學期有學生三百九十二人，本學期有學生三百八十六人，其分配如下：

(1) 二十三年度上學期學生三百九十二人

土工系二百二十二人

一年級三十九人

二年級六十四人

三年級七十五人

四年級四十四人

化工系八十二人

一年級十七人

二年級二十五人

三年級十四人

四年級二十六人

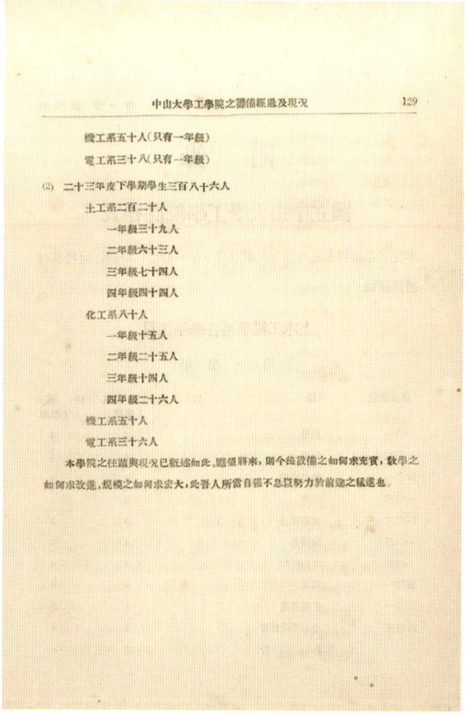
中山大學工學院之籌備經過及現況　129

機工系五十人(只有一年級)

電工系三十八(只有一年級)

(2) 二十三年度下學期學生三百八十六人

土工系二百二十人

一年級三十九人

二年級六十三人

三年級七十四人

四年級四十四人

化工系八十人

一年級十五人

二年級二十五人

三年級十四人

四年級二十六人

機工系五十人

電工系三十六人

本學院之往蹟與現況已概述如此。瞻望將來，則今後設備之如何求充實，教學之如何求改進，規模之如何求宏大，此吾人所當自强不息以努力於前途之猛進也。

原国立中山大学工学院教职员名单（部分），华南理工大学方棣棠、康辛元、罗雄才、李敦化、徐学澥等知名教授在列

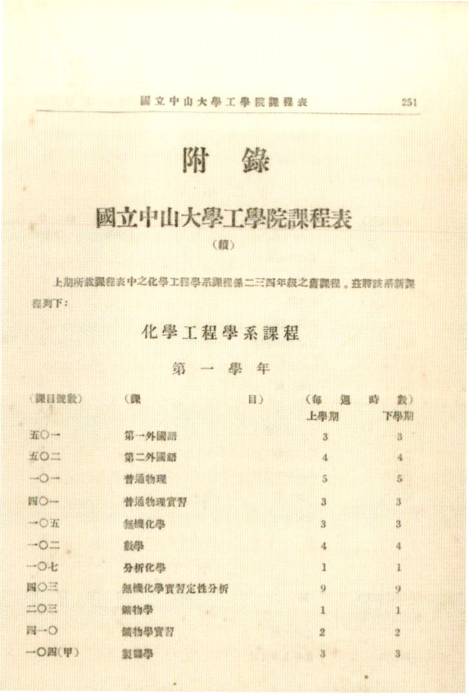
國立中山大學工學院課程表　251

附　錄

國立中山大學工學院課程表

(續)

上期所載課程表中之化學工程學系課程係二三四年級之舊課程。茲將該系新課程列下：

化學工程學系課程

第一學年

(課目號數)	(課　目)	(每週時數)上學期	下學期
五〇一	第一外國語	3	3
五〇二	第二外國語	4	4
一〇一	普通物理	5	5
四〇一	普通物理實習	3	3
一〇五	無機化學	3	3
一〇二	數學	4	4
一〇七	分析化學	1	1
四〇三	無機化學實習定性分析	9	9
二〇三	鑛物學	1	1
四一〇	鑛物學實習	2	2
一〇四(甲)	製圖學	3	3

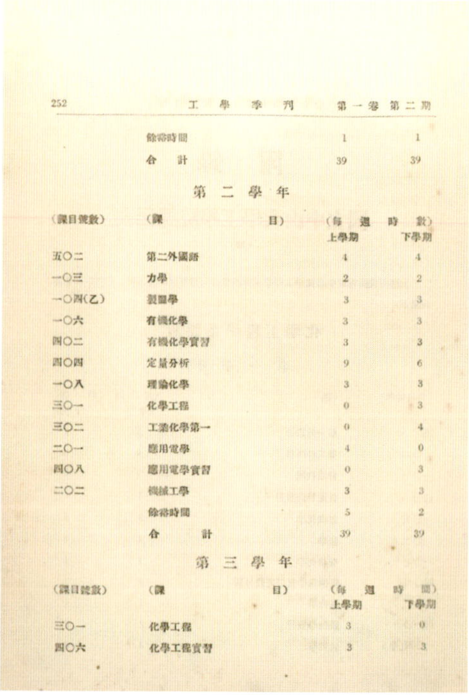
252　工學季刊　第一卷第二期

	餘留時間	1	1
	合　計	39	39

第二學年

(課目號數)	(課　目)	(每週時數)上學期	下學期
五〇二	第二外國語	4	4
一〇三	力學	2	2
一〇四(乙)	製圖學	3	3
一〇六	有機化學	3	3
四〇二	有機化學實習	3	3
四〇四	定量分析	9	6
一〇八	理論化學	3	3
三〇一	化學工程	0	3
三〇二	工業化學第一	0	4
二〇一	應用電學	4	0
四〇八	應用電學實習	0	3
二〇二	機械工學	3	3
	餘留時間	5	2
	合　計	39	39

第三學年

(課目號數)	(課　目)	(每週時間)上學期	下學期
三〇一	化學工程	3	0
四〇六	化學工程實習	3	3

原国立中山大学工学院课程表（节选）

原国立中山大学工学院强电流实验室大楼，该楼现为华南理工大学五山校区10号楼，楼宇外观已发生较大改动

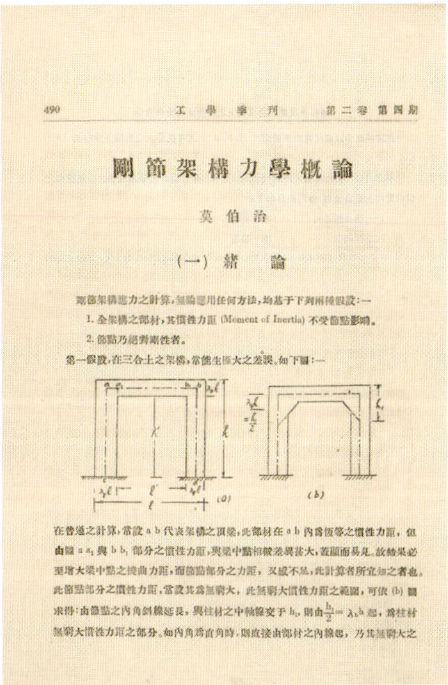

490　　工學季刊　　第二卷 第四期

剛節架構力學概論

莫伯治

（一）緒　論

剛節架構應力之計算，無論應用任何方法，均基于下列兩種假設：—

1. 全架構之部材，其慣性力距 (Moment of Inertia) 不受節點影响。
2. 節點乃絕對剛性者。

第一假設，在三合土之架構，常能生極大之差誤。如下圖：—

(a)　　(b)

在普通之計算，常設 a b 代表架構之頂梁，此部材在 a b 內為恆等之慣性力距，但由圖 $a\,a_1$ 與 $b\,b_1$ 部分之慣性力距，與梁中點相較差異甚大，蓋顯而易見。故結果必至增大梁中點之撓曲力距，而節點部分之力距，又感不足，此計算者所宜知之者也。此節點部分之慣性力距，常設其為無窮大，此無窮大慣性力距之範圍，可依 (b) 圖求得：由節點之內角斜線延長，與柱材之中軸線交于 h_1，則由 $\frac{h_1}{2}=\lambda_1 h$ 起，為柱材無窮大慣性力距之部分。如內角為直角時，則直接由部材之內線起，乃其無窮大之

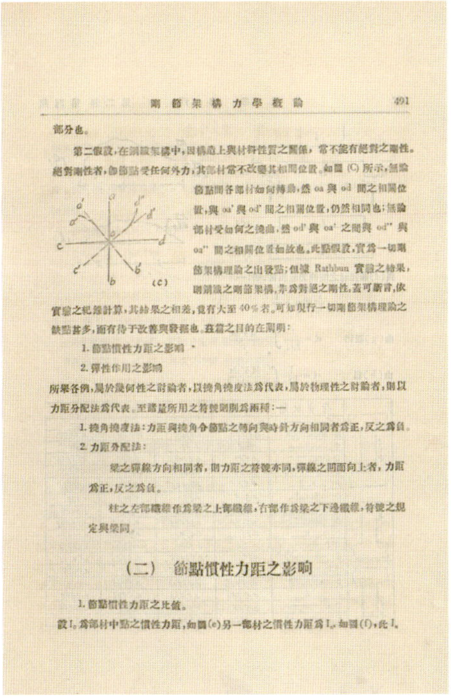

剛節架構力學概論　　491

部分也。

第二假設，在鋼骨架構中，因構造上與材料性質之關係，常不能有絕對之剛性。絕對剛性者，即節點受任何外力，其部材常不改變其相關位置。如圖 (C) 所示，無論節點間各部材如何轉動，然 oa 與 od 間之相關位置，與 oa' 與 od' 間之相關位置，仍然相同也；無論部材受如何之撓曲，然 od' 與 oa' 之間與 od'' 與 oa'' 間之相關位置如故也。此點假設，實為一切剛節架構理論之出發點；但據 Rathbun 實驗之結果，則鋼鐵之剛節架構，非為對絕之剛性。蓋可斷言，依實驗之紀錄計算，其結果之相差，竟有大至 40% 者。可知現行一切剛節架構理論之缺點甚多，而有待于改善與發掘也。茲篇之目的在闡明：

(c)

1. 節點慣性力距之影响
2. 彈性作用之影响

所舉各例，屬於幾何性之討論者，以撓角撓度法為代表，屬於物理性之討論者，則以力距分配法為代表。至譜篇所用之符號則別為兩種：—

1. 撓角撓度法：力距與撓角令節點之轉向與時針方向相同者為正，反之為負。
2. 力距分配法：

梁之彈線方向相同者，則力距之符號亦同，彈線之凹面向上者，力距為正，反之為負。

柱之左部纖維作為梁之上部纖維，右部作為梁之下邊纖維，符號之規定與梁同。

（二）節點慣性力距之影响

1. 節點慣性力距之比值。

設 I_o 為部材中點之慣性力距，如圖(e)另一部材之慣性力距為 I_o。如圖(f)，此 I_o

曾任华南理工大学建筑设计研究院总建筑师的莫伯治院士早期论文《刚节架构力学概论》前两页

磚之彈性與其抵抗力　　59

磚之彈性與其抵抗力

方棣棠

磚之形狀與其荷重

磚之縱向與橫向變形

磚之彈性係數與斷折載重

Popplewell 與 Howard 之壓力試驗　Popplewell (Engineering new)

60　　工學季刊　　第二卷 第一期

磚之種類	各邊之長度（公分單位）	彈性係數	裂痕荷重	斷折荷重
Commune	22×11×7.5	123000	95	288
Accrington	22×11×7.5	223000 (至 38 公斤每方公分) 415000 (由 38 至 220)	129	273
Stafford bleue	23×11.5×7.5	310000 (由 1 至 109) 370000 (由 109 至 218)	90	390
Brindle bleue	23×10.5×7.5	198000 (至 175)	220	530

J. E. Howard (Engineering record) 試驗時，凡磚荷重則必發生一微小之變形。

华南理工大学土木工程系方棣棠教授早期论文《砖之弹性与其抵抗力》前两页

广东省立工业专科学校毕业同学录

广东工业专科学校（简称“工专”），前身可追溯至1910年8月清政府所设的广东工艺局，1918年1月6日在局中附设工业学校，1918年8月更名为广东省立第一甲种工业学校（局校共存）。后几经辗转更迭，1943年广东省立工业专科学校由省复办，1950年更名为广东工业专科学校。1952年10月广东工业专科学校组建到华南工学院，当时有化工、机工、水工3个科。

华南理工大学档案馆存有1943年复办后的广东省立工业专科学校第一届（1946届）至第五届（1950届）毕业同学录。在首届毕业同学录中，前面部分为教职员名单，列有校长、前任校长和教务、训导、总务主任及主任教授、教员等共27人，毕业生从50人至150人不等。在1947年第二届同学录中，配有学校校景图、毕业生基本信息、照片以及临别赠言。其中，诸如“认识时代对自己的需要，负起每个有良心国民的任务，记着自己的工作目标是为广大人群谋幸福的”“此日同砚共磨剑，他年携手匡天下”“顶天立地 继往开来 为国家民族争光荣 为世界人类谋幸福”等临别赠言都体现了当时学子心系天下的远大抱负。华南理工大学机械系教授梁鼎猷为工专第二届校友，于1952年调入华南工学院任教。

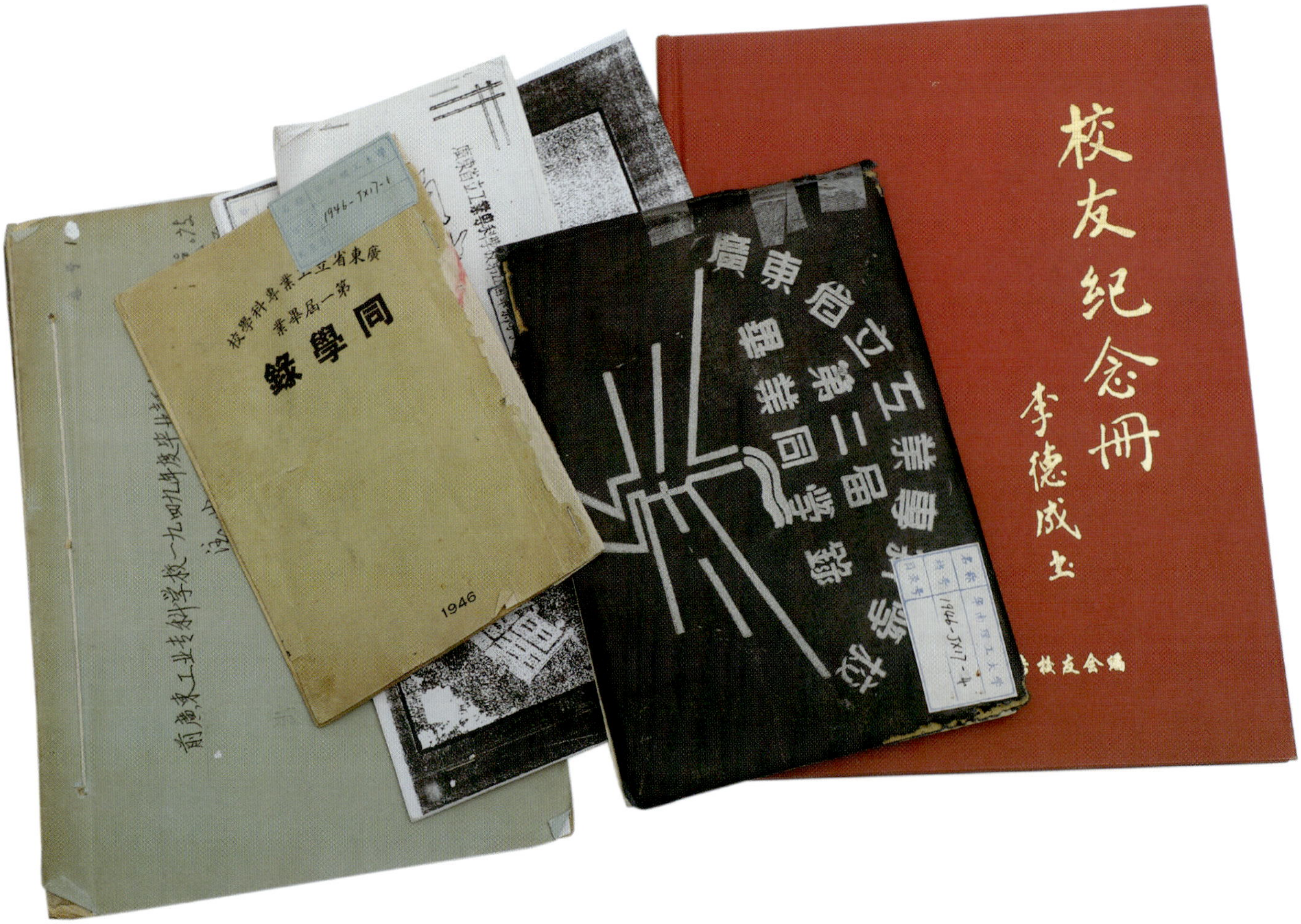

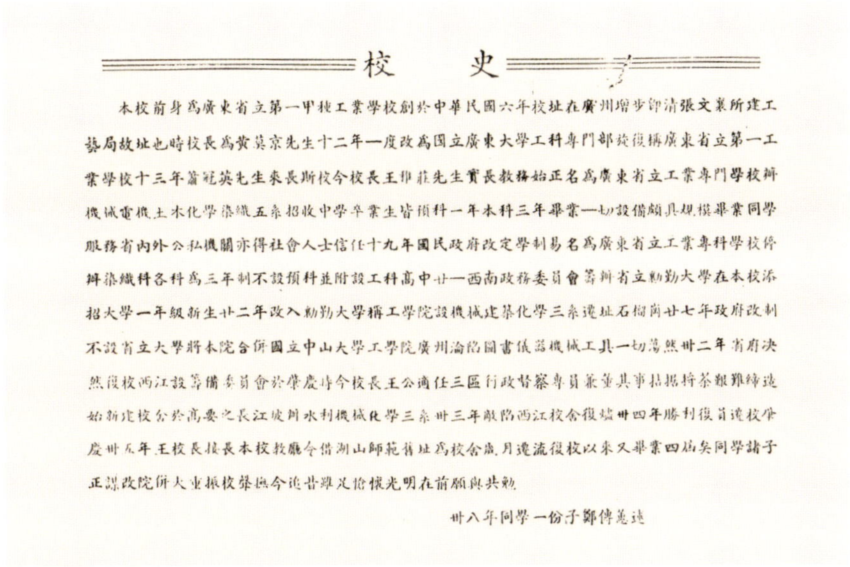

校　史

本校前身爲廣東省立第一甲種工業學校創於中華民國六年校址在廣州增步即清張文襄所建工藝局故址也時校長爲黄莫京先生十二年一度改爲國立廣東大學工科專門部旋復稱廣東省立第一工業學校十三年蕭冠英先生來長斯校今校長王仁宇先生實長教務始正名爲廣東省立工業專門學校辦機械電機土木化學染織五系招收中學卒業生皆預科一年本科三年畢業一切設備頗具規模畢業同學服務省內外公私機關亦得社會人士信任十九年國民政府改定學制易名爲廣東省立工業專科學校停辦染織科各科爲三年制不設預科並附設工科高中廿一西南政務委員會籌辦省立勷勤大學在本校添招大學一年級新生廿二年改入勷勤大學稱工學院設機械建築化學三系遷址石榴崗廿七年政府改制不設省立大學將本院合併國立中山大學工學院廣州淪陷圖書儀器機械工具一切蕩然卅二年省府決然復校西江設籌備委員會於肇慶時今校長王公適任三區行政督察專員兼董其事拮据持恭艱難締造始新建校舍於高要之長江坡開水利機械化學三系卅三年敵陷西江校舍復燬卅四年勝利復員遷校肇慶卅五年王校長復長本校教廳令借湖山師範舊址爲校舍歲月遷流復校以來又畢業四屆矣同學諸子正謀改院併大並振校譽撫今追昔難免愴懷光明在前願與共勉

卅八年同學一份子鄭傳蕙述

广东省立工业专科学校毕业同学录中的“校史”页

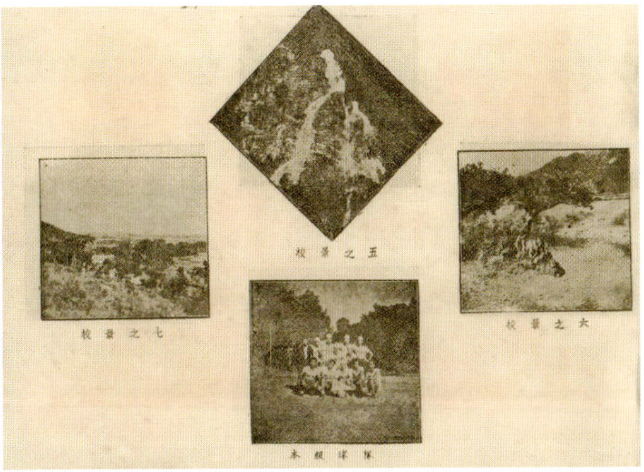

广东省立工业专科学校校景图

华南理工大学机械系教授梁鼎猷所在同学录内页

同学录临别赠言：顶天立地 继往开来 为国家民族争光荣 为世界人类谋幸福

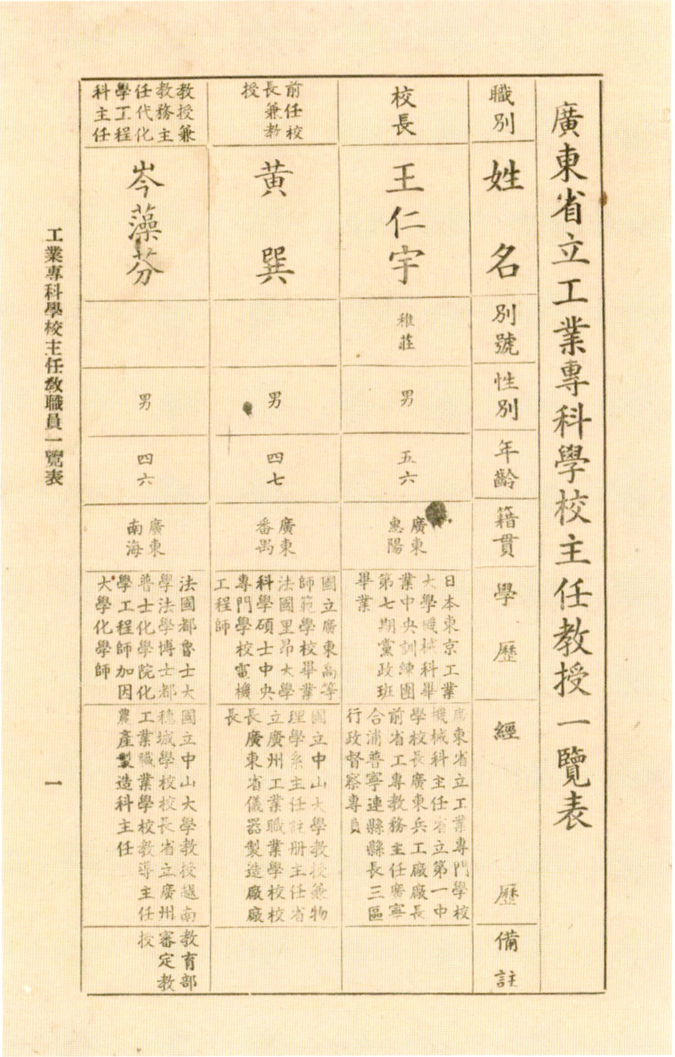

廣東省立工業專科學校主任教授一覽表

職別	校長	前任校長兼教授	教授兼教務主任代化學工程科主任
姓名	王仁宇	黄巽	岑藻芬
別號	稚莊		
性別	男	男	男
年齡	五六	四七	四六
籍貫	廣東惠陽	廣東番禺	廣東南海
學歷	日本東京工業大學機械科畢業中央訓練團第七期黨政班畢業	國立廣東高等師範學校畢業法國里昂大學科學碩士中央專門學校電機工程師	法國都魯士大學法學博士都魯士化學院化學工程師加因大學化學師
經歷	廣東省立工業專門學校機械科主任省立第一中學校長廣東兵工廠廠長前省工專教務主任廣寧合浦普寧連縣縣長三區行政督察專員	國立中山大學教授兼物理學系主任註冊主任省立廣州工業職業學校校長廣東省儀器製造廠廠長	國立中山大學教授越南穗城學校校長省立廣州工業職業學校教導主任農產製造科主任
備註			教育部審定教授

工業專科學校主任教職員一覽表

一

广东省立工业专科学校主任教授一览表（部分，出自第一届毕业同学录）

《三十年来之中国工程》

《三十年来之中国工程》是1946年8月，由吴承洛主编，中国工程师学会编辑出版的一部论文集，为中国工程师学会周年纪念刊。由于学会创始于1912年，至1946年已历三十余年，故将论文集题名为《三十年来之中国工程》。

论文集分工程、事业、行政、技术四编，共收录论文70篇，分别介绍了1912年以来各项工程在学术上的贡献、技术上的成就以及宝贵的经验，各项工业或事业在经营方面的实施、沿革及其发展状况，各项工程或事业在政府管理方面的沿革制度及行政组织，有关试验、检验、专利、训练等方面的情况。

茅以升、赵祖康、顾毓琇、刘仙洲、吴承洛、陈永龄、陈立夫等名人均有论文收录在其中。这些论文所论述的内容均肇始于清末民初，具有很高的工程史料价值。我国著名桥梁工程专家茅以升先生对该书评价很高，认为“该书记录和收集了我国工程界人士励志图强、精勤创业的翔实史料”。

该书的“工程”部分，登载有篇幅近2.6万字的《三十年来中国之测量工程》，作者为陈永龄、王之卓。其中，陈永龄教授为著名的大地测量专家，曾于1952年全国院系调整时期从岭南大学理工学院调入华南工学院，先后任华南工学院筹备委员会副主任、副院长。

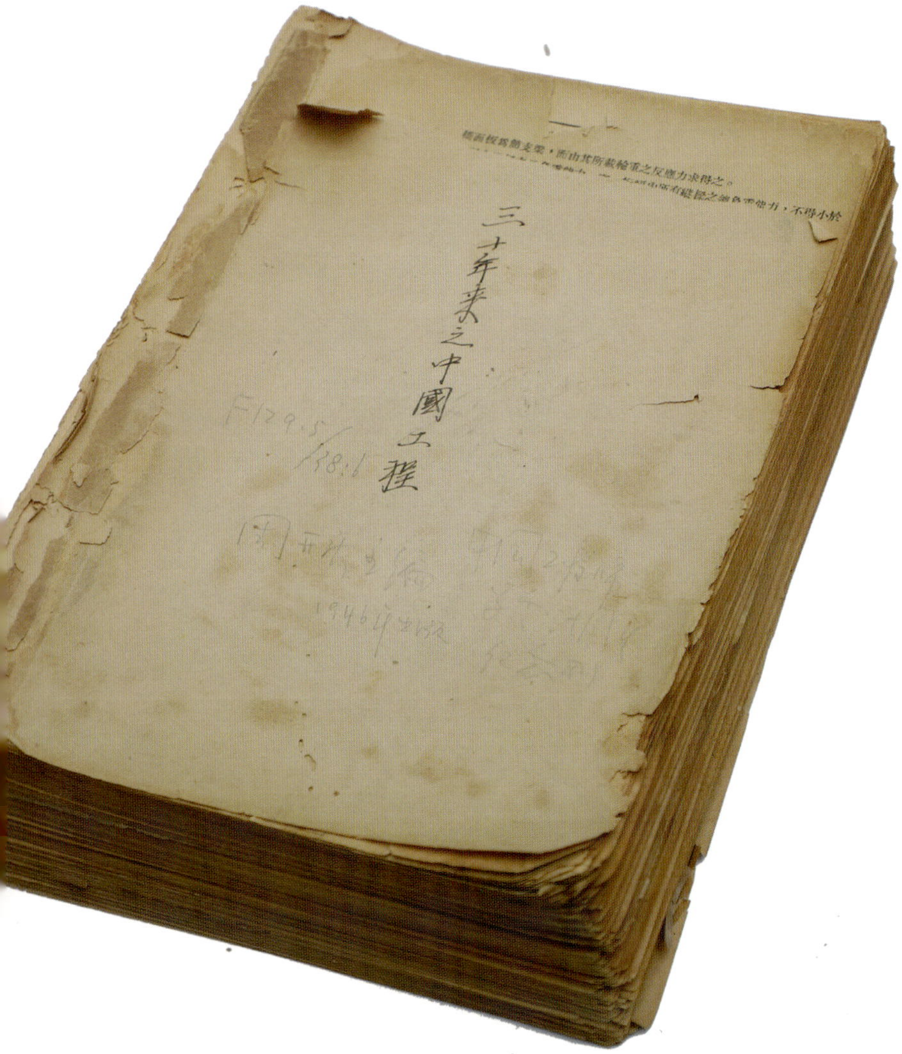

扫码观看“《三十年来之中国工程》”视频

《三十年来之中国工程》第二、第三、第四编封面

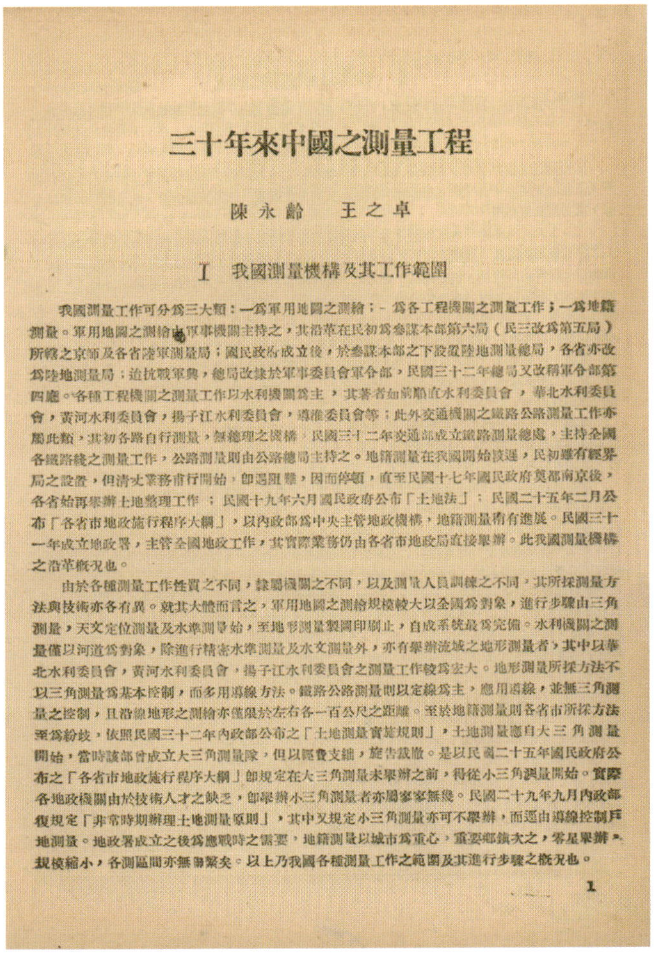

三十年來中國之測量工程

陳永齡　王之卓

I 我國測量機構及其工作範圍

我國測量工作可分爲三大類：一爲軍用地圖之測繪；一爲各工程機關之測量工作；一爲地籍測量。軍用地圖之測繪由軍事機關主持之，其沿革在民初爲參謀本部第六局（民三改爲第五局）所轄之京畿及各省陸軍測量局；國民政府成立後，於參謀本部之下設置陸地測量總局，各省亦改爲陸地測量局；迨抗戰軍興，總局改隸於軍事委員會軍令部，民國三十二年總局又改稱軍令部第四廳。各種工程機關之測量工作以水利機關爲主，其著者如前順直水利委員會，華北水利委員會，黃河水利委員會，揚子江水利委員會，導淮委員會等；此外交通機關之鐵路公路測量工作亦屬此類，其初各路自行測量，無總理之機構，民國三十二年交通部成立鐵路測量總處，主持全國各鐵路綫之測量工作，公路測量則由公路總局主持之。地籍測量在我國開始較遲，民初雖有經界局之設置，但清丈業務甫行開始，即遇阻難，因而停頓，直至民國十七年國民政府奠都南京後，各省始再舉辦土地整理工作；民國十九年六月國民政府公布「土地法」；民國二十五年二月公布「各省市地政施行程序大綱」，以內政部爲中央主管地政機構，地籍測量稍有進展。民國三十一年成立地政署，主管全國地政工作，其實際業務仍由各省市地政局直接舉辦。此我國測量機構之沿革概況也。

由於各種測量工作性質之不同，隸屬機關之不同，以及測量人員訓練之不同，其所採測量方法與技術亦各有異。就其大體而言之，軍用地圖之測繪規模較大以全國爲對象，進行步驟由三角測量，天文定位測量及水準測量始，至地形測量製圖印刷止，自成系統最爲完備。水利機關之測量僅以河道爲對象，除進行精密水準測量及水文測量外，亦有舉辦流域之地形測量者，其中以華北水利委員會，黃河水利委員會，揚子江水利委員會之測量工作較爲宏大。地形測量所採方法不以三角測量爲基本控制，而多用導線方法。鐵路公路測量則以定線爲主，應用導線，並無三角測量之控制，且沿線地形之測繪亦僅限於左右各一百公尺之距離。至於地籍測量則各省市所採方法亟爲紛歧，依照民國三十二年內政部公布之「土地測量實施規則」，土地測量應自大三角測量開始，當時該部曾成立大三角測量隊，但以經費支絀，旋告裁撤。是以民國二十五年國民政府公布之「各省市地政施行程序大綱」即規定在大三角測量未舉辦之前，得從小三角測量開始。實際各地政機關由於技術人才之缺乏，即舉辦小三角測量者亦屬寥寥無幾。民國二十九年九月內政部復規定「非常時期辦理土地測量原則」，其中又規定小三角測量亦可不舉辦，而逕由導線控制戶地測量。地政署成立之後爲應戰時之需要，地籍測量以城市爲重心，重要鄉鎮次之，零星舉辦，規模縮小，各測區間亦無聯繫矣。以上乃我國各種測量工作之範圍及其進行步驟之概況也。

1

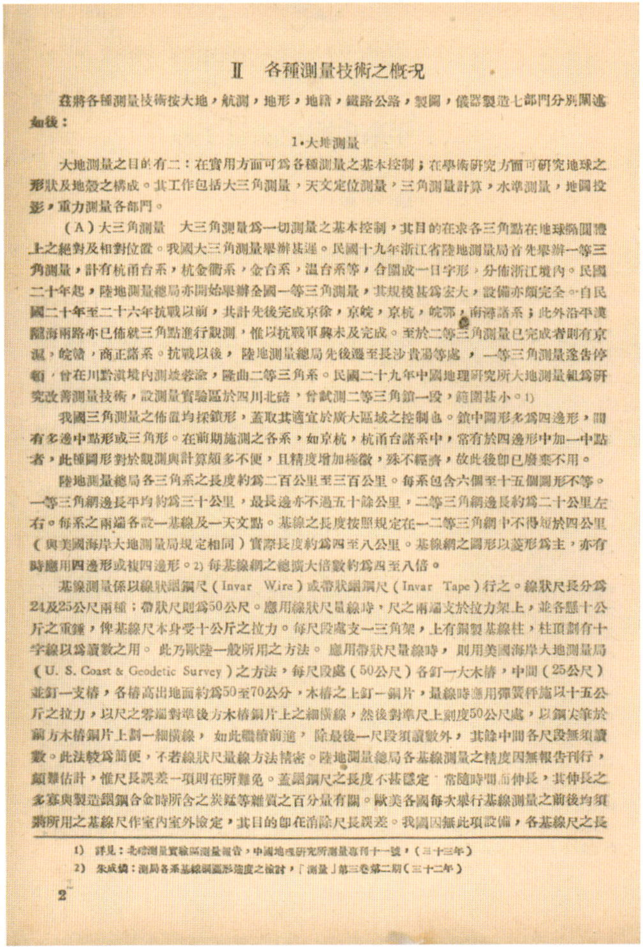

II 各種測量技術之概況

茲將各種測量技術按大地，航測，地形，地籍，鐵路公路，製圖，儀器製造七部門分別闡述如後：

1.大地測量

大地測量之目的有二：在實用方面可爲各種測量之基本控制；在學術研究方面可研究地球之形狀及地殼之構成。其工作包括大三角測量，天文定位測量，三角測量計算，水準測量，地圖投影，重力測量各部門。

（A）大三角測量　大三角測量爲一切測量之基本控制，其目的在求各三角點在地球橢圓體上之絕對及相對位置。我國大三角測量舉辦甚遲。民國十九年浙江省陸地測量局首先舉辦一等三角測量，計有杭甬台系，杭金衢系，金台系，溫台系等，合圖成一日字形，分佈浙江境內。民國二十年起，陸地測量總局亦開始舉辦全國一等三角測量，其規模甚爲宏大，設備亦頗完全。自民國二十年至二十六年抗戰以前，共計先後完成京徐，京皖，京杭，皖鄂，南潯諸系；此外沿平漢隴海兩路亦已佈就三角點進行觀測，惟以抗戰軍興未及完成。至於二等三角測量已完成者則有京滬，皖贛，商正諸系。抗戰以後，陸地測量總局先後遷至長沙貴陽等處，一等三角測量遂告停頓，曾在川黔滇境內測遂蓉涂，隆曲二等三角系。民國二十九年中國地理研究所大地測量組爲研究改善測量技術，設測量實驗區於四川北碚，曾試測二等三角鎖一段，範圍甚小。1)

我國三角測量之佈置均採鎖形，蓋取其適宜於廣大區域之控制也。鎖中圖形多爲四邊形，間有多邊中點形或三角形。在前期施測之各系，如京杭，杭甬台諸系中，常有於四邊形中加一中點者，此種圖形對於觀測與計算頗多不便，且精度增加極微，殊不經濟，故此後即已廢棄不用。

陸地測量總局各三角系之長度約爲二百公里至三百公里。每系包含六個至十五個圖形不等。一等三角網邊長平均約爲三十公里，最長邊亦不過五十餘公里，二等三角網邊長約爲二十公里左右。每系之兩端各設一基線及一天文點。基線之長度按照規定在一二等三角網中不得短於四公里（與美國海岸大地測量局規定相同）實際長度約爲四至八公里。基線網之圖形以菱形爲主，亦有時應用四邊形或複四邊形。2) 每基線網之總擴大倍數約爲四至八倍。

基線測量係以線狀鎳鋼尺（Invar Wire）或帶狀鎳鋼尺（Invar Tape）行之。線狀尺長分爲24及25公尺兩種；帶狀尺則爲50公尺。應用線狀尺量線時，尺之兩端支於拉力架上，並各懸十公斤之重錘，俾基線尺本身受十公斤之拉力。每尺段處支一三角架，上有銅製基線柱，柱頂劃有十字線以爲讀數之用。此乃歐陸一般所用之方法。應用帶狀尺量線時，則用美國海岸大地測量局（U. S. Coast & Geodetic Survey）之方法，每尺段處（50公尺）各釘一大木樁，中間（25公尺）並釘一支樁，各樁高出地面約爲50至70公分，木樁之上釘一銅片，量線時應用彈簧秤施以十五公斤之拉力，以尺之零端對準後方木樁銅片上之細橫線，然後對準尺上刻度50公尺處，以鋼尖筆於前方木樁銅片上劃一細橫線，如此繼續前進，除最後一尺段須讀數外，其餘中間各尺段無須讀數。此法較爲簡便，不若線狀尺量線方法精密。陸地測量總局各基線測量之精度因無報告刊行，頗難估計，惟尺長誤差一項則在所難免。蓋鎳鋼尺之長度不甚穩定，常隨時間而伸長，其伸長之多寡與製造鎳鋼合金時所含之炭錳等雜質之百分量有關。歐美各國每次舉行基線測量之前後均須對所用之基線尺作室內室外檢定，其目的即在消除尺長誤差。我國因無此項設備，各基線尺之長

1) 詳見：北碚測量實驗區測量報告，中國地理研究所測量專刊十一號，（三十三年）
2) 朱成燨：測局各系基線網圖形強度之檢討，「測量」第三卷第二期（三十二年）

2

陈永龄、王之卓著写的《三十年来中国之测量工程》前两页

中國工程師學會首任會長
詹天佑先生遺像

5

中国工程师学会首任会长詹天佑先生遗像

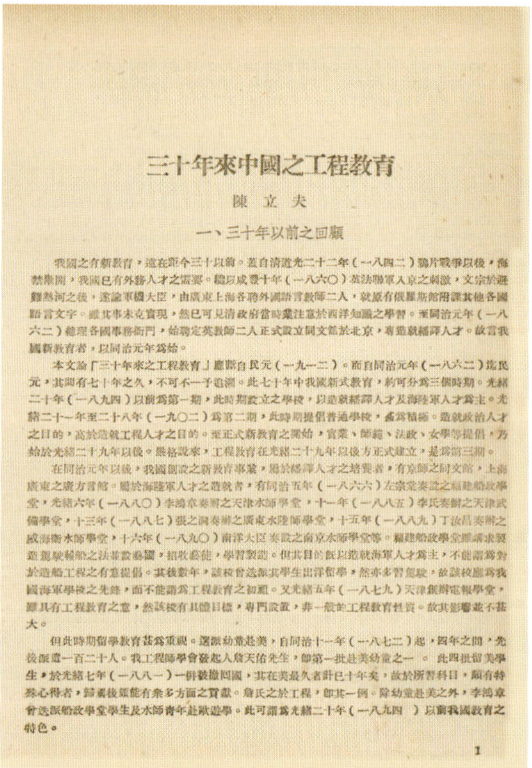

三十年來中國之工程教育

陳立夫

一、三十年以前之回顧

我國之有新教育，遠在距今三十以前。蓋自清道光二十二年（一八四二）鴉片戰爭以後，海禁驟開，我國已有外務人才之需要。繼以咸豐十年（一八六〇）英法聯軍入京之刺激，文宗於避難熱河之後，遂諭軍機大臣，由廣東上海各聘外國語言教師二人，就原有俄羅斯館附課其他各國語言文字。雖其事未克實現，然已可見清政府當時業注意於西洋知識之學習。至同治元年（一八六二）總理各國事務衙門，始聘定英教師二人正式設立同文館於北京，專造就繙譯人才。故言我國新教育者，以同治元年爲始。

本文論「三十年來之工程教育」應斷自民元（一九一二）。而自同治元年（一八六二）迄民元，其間有七十年之久，不可不一予追溯。此七十年中我國新式教育，約可分爲三個時期。光緒二十年（一八九四）以前爲第一期，此時期設立之學校，以造就繙譯人才及海陸軍人才爲主。光緒二十一年至二十八年（一九〇二）爲第二期，此時期提倡普通學校，盛爲積極。造就政治人才之目的，高於造就工程人才之目的。至正式新教育之開始，實業、師範、法政、女學等提倡，乃始於光緒二十九年以後。嚴格說來，工程教育在光緒二十九年以後方正式建立，是爲第三期。

在同治元年以後，我國創設之新教育事業，屬於繙譯人才之培養者，有京師之同文館，上海廣東之廣方言館。屬於海陸軍人才之造就者，有同治五年（一八六六）左宗棠奏設之福建船政學堂，光緒六年（一八八〇）李鴻章奏辦之天津水師學堂，十一年（一八八五）李氏奏辦之天津武備學堂，十三年（一八八七）張之洞奏辦之廣東水陸師學堂，十五年（一八八九）丁汝昌奏辦之威海衛水師學堂，十六年（一八九〇）南洋大臣奏設之南京水師學堂等。福建船政學堂雖講求製造駕駛輪船之法並設藝圃，招收藝徒，學習製造。但其目的既以造就海軍人才爲主，不能謂爲對於造船工程之有意提倡。其後數年，該校曾選派其學生出洋留學，然亦多習駕駛，故該校應爲我國海軍學校之先鋒，而不能謂爲工程教育之初祖。又光緒五年（一八七九）天津創辦電報學堂，雖具有工程教育之意，然該校有具體目標，專門設置，非一般的工程教育性質。故其影響並不甚大。

但此時期留學教育甚爲重視。選派幼童赴美，自同治十一年（一八七二）起，四年之間，先後派遣一百二十人。我工程師學會發起人詹天佑先生，即第一批赴美幼童之一。此四批留美學生，於光緒七年（一八八一）一併被撤回國，其在美最久者計已十年矣，故於所習科目，頗有特殊心得者，歸國後類能有衆多方面之貢獻。詹氏之於工程，即其一例。除幼童赴美之外，李鴻章曾選派船政學堂學生及水師青年赴歐遊學。此可謂爲光緒二十年（一八九四）以前我國教育之特色。

1

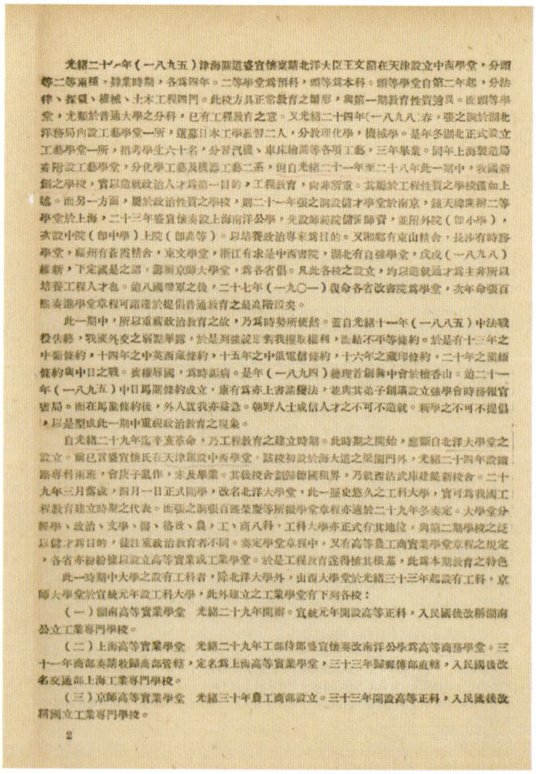

光緒二十一年（一八九五）津海關道盛宣懷稟請北洋大臣王文韶在天津設立中西學堂，分頭等二等兩種，肄業時期，各爲四年。二等學堂爲預科，頭等爲本科。頭等學堂自第二年起，分法律、採礦、機械、土木工程四門。此校方具正常教育之雛形，與第一期教育性質迥異。而頭等學堂，尤類於普通大學之分科，已有工程教育之意。又光緒二十四年（一八九八）春，張之洞於湖北洋務局內設工藝學堂一所，選募日本工學教習二人，分教理化學，機械學。是年冬湖北正式設立工藝學堂一所，招考學生六十名，分習汽機、車床繪圖等各項工藝，三年畢業。同年上海製造局旁附設工藝學堂，分化學工藝及機器工藝二系，但自光緒二十一年至二十八年此一期中，我國新創之學校，實以造就政治人才爲第一目的，工程教育，尚非所重。其屬於工程性質之學校僅如上述。而另一方面，屬於政治性質之學校，則二十一年張之洞設儲才學堂於南京，鍾天緯集辦二等學堂於上海，二十三年盛宣懷奏設上海南洋公學，先設師範院儲師資，並附外院（即小學），次設中院（即中學）上院（即高等）。以培養政治專家爲目的。又湖南有東山精舍，長沙有時務學堂，福州有蒼霞精舍，東文學堂，浙江有求是中西書院，湖北有自強學堂，戊戌（一八九八）維新，下定國是之詔，詔辦京師大學堂，爲各省倡。凡此各校之設立，均以造就通才爲主非所以培養工程人才也。迨八國聯軍之後，二十七年（一九〇一）復命各省改書院爲學堂，次年命張百熙奏進學堂章程可謂達於提倡普通教育之最高階段矣。

此一期中，所以重視政治教育之故，乃爲時勢所使然。蓋自光緒十一年（一八八五）中法戰役告終，我國外交之弱點畢露，於是列強競思對我攫取權利，迫結不平等條約。於是有十三年之中葡條約，十四年之中英西藏條約，十五年之中張電信條約，十六年之藏印條約，二十年之滇緬條約與中日之戰。喪權辱國，爲時詬病。是年（一八九四）總理首創興中會於檀香山。迨二十一年（一八九五）中日馬關條約成立，康有爲亦上書請變法，並與其弟子創議設立強學會時務報官書局。而在馬關條約後，外人謀我亦益急。朝野人士咸信人才之不可不造就。新學之不可不提倡，以是型成此一期中重視政治教育之現象。

自光緒二十九年迄辛亥革命，乃工程教育之建立時期。此時期之開始，應斷自北洋大學堂之設立。前已言盛宣懷氏在天津創設中西學堂，該校初設於海大道之梁園門外，光緒二十四年設鐵路專科兩班，會庚子亂作，未及畢業。其後校舍劃歸德國租界，乃就西沽武庫建築新校舍。二十九年三月落成，四月一日正式開學，改名北洋大學堂，此一歷史悠久之工科大學，實可爲我國工程教育建立時期之代表。而張之洞張百熙榮慶等所擬學堂章程亦適於二十九年冬奏定。大學堂分經學、政治、文學、醫、格致、農，工、商八科，工科大學亦正式有其地位，與第二期學校之徒以儲才爲目的，徒注重政治教育者不同。奏定學堂章程中，又有高等農工商實業學堂章程之規定，各省亦紛紛據以設立高等實業或工業學堂。於是工程教育遂得植其根基，此爲本期教育之特色

此一時期中大學之設有工科者，除北洋大學外，山西大學堂於光緒三十三年起設有工科，京師大學堂於宣統元年設工科大學，此外建立之工業學堂有下列各校：

（一）湖南高等實業學堂　光緒二十九年開辦。宣統元年開設高等正科，入民國後改稱湖南公立工業專門學校。

（二）上海高等實業學堂　光緒二十九年工部侍郎盛宣懷奏改南洋公學爲高等商務學堂。三十一年商部奏請收歸商部管轄，定名爲上海高等實業學堂，三十三年歸郵傳部直轄，入民國後改名交通部上海工業專門學校。

（三）京師高等實業學堂　光緒三十年農工商部設立。三十三年開設高等正科，入民國後改稱國立工業專門學校。

2

陈立夫著写的《三十年来中国之工程教育》前两页

《回顾录》（第二册）

《回顾录》的作者为原国立中山大学首任校长邹鲁，该书由独立出版社于1946年1月出版发行。全书分为两册，华南理工大学档案馆存有《回顾录》（第二册）。

《回顾录》全书分为四卷，第二册主要是第三卷和第四卷的内容。第三卷通过邹鲁校长的自序，记叙了他在担任原国立中山大学校长期间主持工作的各项经历，包括对学校教学制度的调整与改革、在学校领导的学生抗日救亡运动、筹建和建设原国立中山大学石牌新校区、对教育救国的思考，并向西南政务委员会提出教育改革计划建议和编译科学书籍的意见、主张团结抗日和救国救民等。第四卷则重点记述他因职因病四辞校长职位，以及他在抗日战争时期的乡居生活和对抗日战争形势的分析回顾。

《回顾录》（第二册）

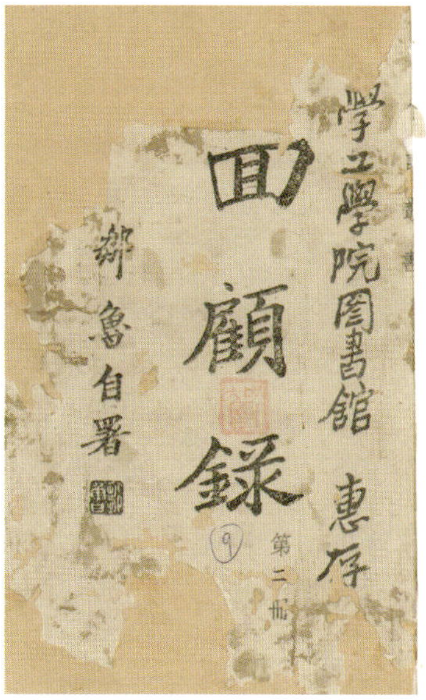

《回顾录》（第二册）扉页

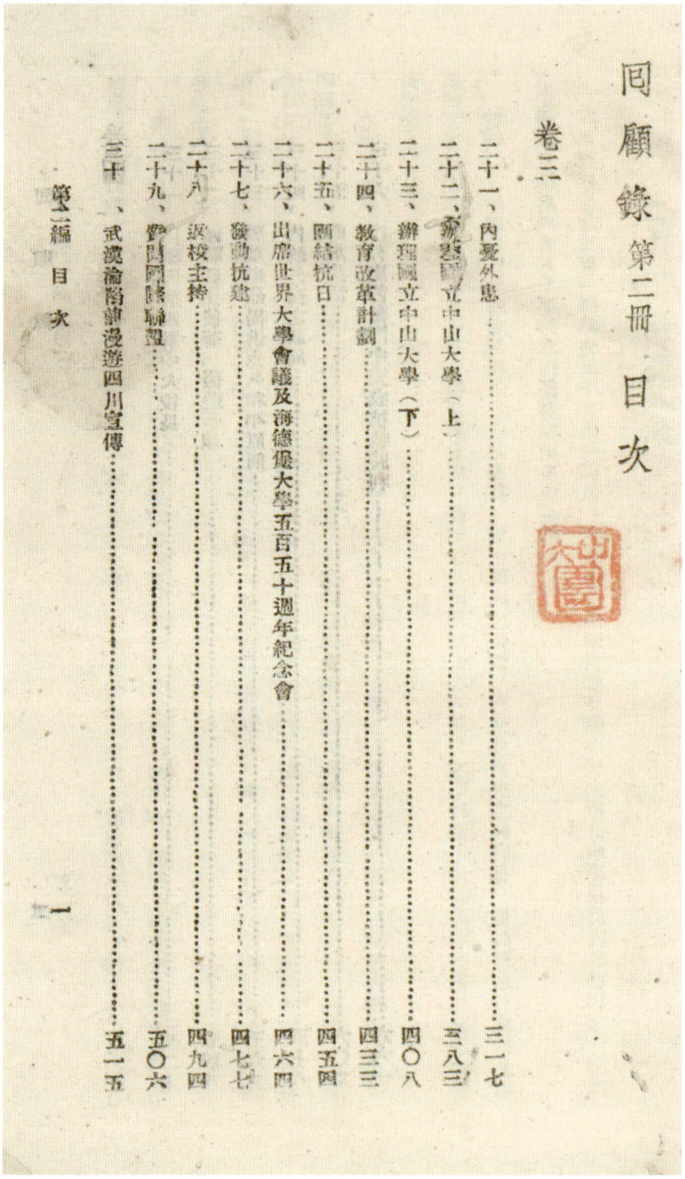

回顧錄第二冊目次

卷三

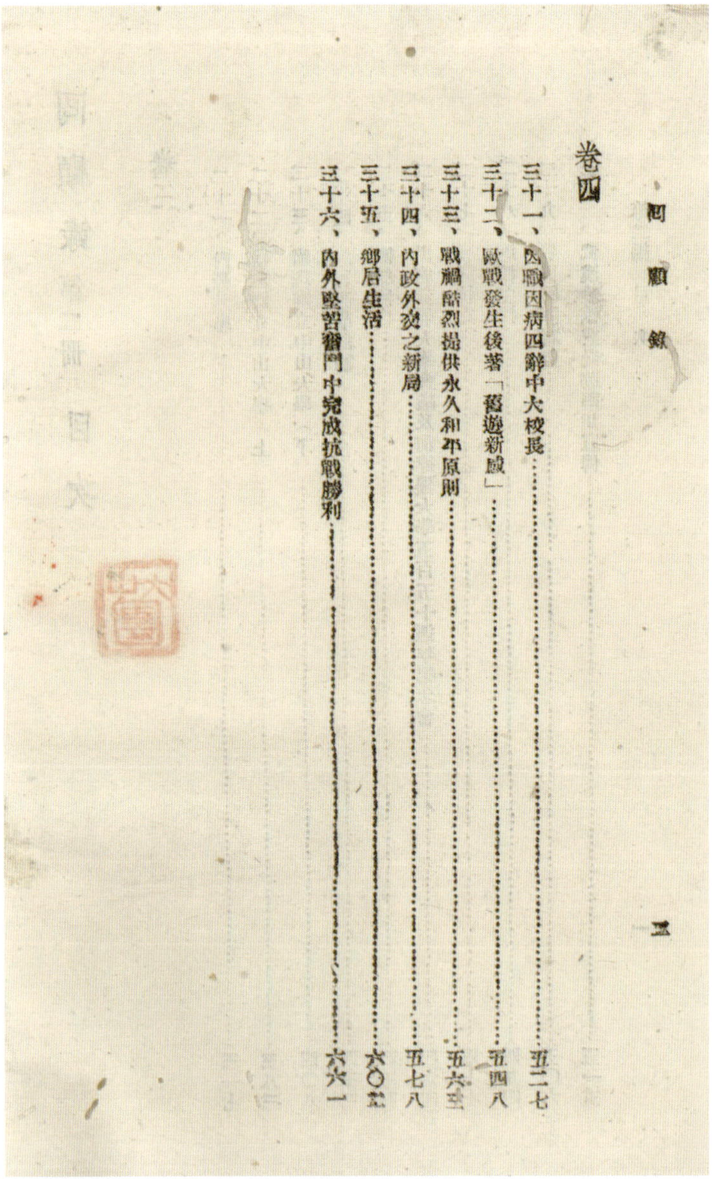

卷四

《回顾录》（第二册）目次

第一期

項別	金額（單位銀元）	備考

辦理國立中山大學（下） 四二七

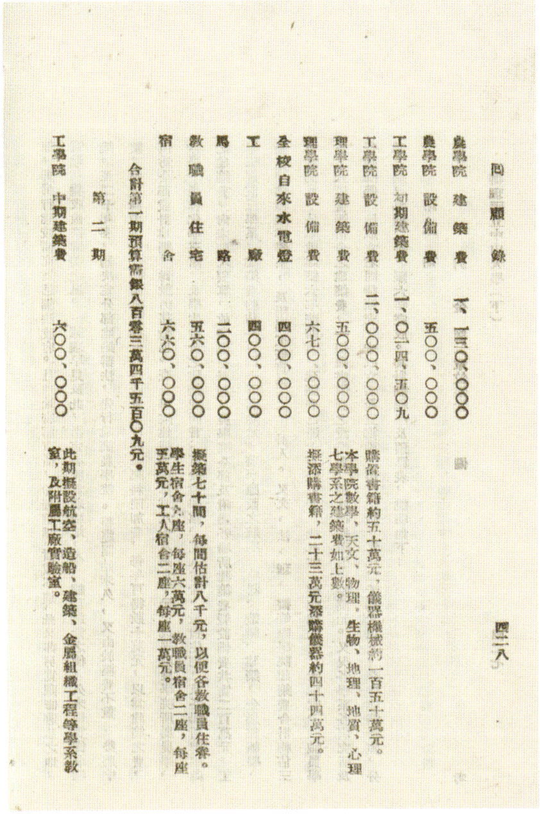

回顧錄（下） 四二八

農學院建築費	一、一三○、○○○	
農學院設備費	五○○、○○○	
工學院初期建築費	一、○一四、五○九	
工學院設備費	二、○○○、○○○	購置書籍約五十萬元，儀器機械約一百五十萬元。
理學院建築費	五○○、○○○	本學院數學、天文、物理、生物、地理、地質、心理七學系之建築費如上數。
理學院設備費	六七○、○○○	擬添購書籍，二十三萬元添購儀器約四十四萬元。
全校自來水電燈	四○○、○○○	
工廠	四○○、○○○	
馬路	二○○、○○○	
教職員住宅	五六○、○○○	擬建七十間，每間估計八千元，以便各教職員住眷。
宿舍	六六○、○○○	學生宿舍九座，每座六萬元，教職員宿舍二座，每座五萬元，工人宿舍二座，每座一萬元。

合計第一期預算需銀八百零三萬四千五百○九元。

第二期

工學院中期建築費	六○○、○○○	此期擬設航空、造船、建築、金屬組織工程等學系教室，及附屬工廠實驗室。

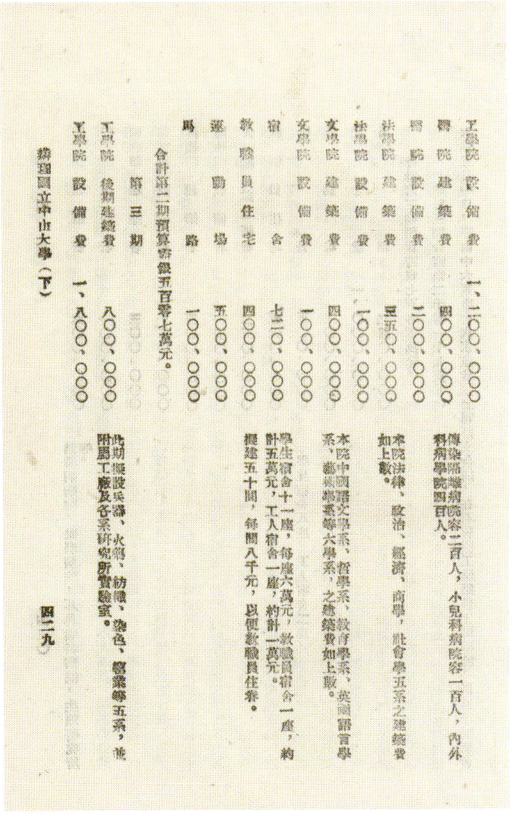

工學院設備費	一、二○○、○○○	
醫院建築費	四○○、○○○	傳染隔離病院容二百人，小兒科病院容一百人，內外科病院四百人。
醫院設備費	二○○、○○○	
法學院建築費	三五○、○○○	本院法律、政治、經濟、商學、社會學五系之建築費如上數。
法學院設備費	一○○、○○○	
文學院建築費	四○○、○○○	本院中國語文學系、哲學系、教育學系、英國語言學系、藝術學系等六學系，之建築費如上數。
文學院設備費	一○○、○○○	
宿舍	七二○、○○○	學生宿舍十一座，每座六萬元，教職員宿舍一座，約計五萬元，工人宿舍一座，約計一萬元。
教職員住宅	四○○、○○○	擬建五十間，每間八千元，以便教職員住眷。
運動場	五○○、○○○	
馬路	一○○、○○○	

合計第二期預算需銀五百零七萬元。

第三期

工學院後期建築費	八○○、○○○	此期擬設兵器、火藥、紡織、染色、窯業等五系，並附屬工廠及各系研究所實驗室。
工學院設備費	一、八○○、○○○	

辦理國立中山大學（下） 四二九

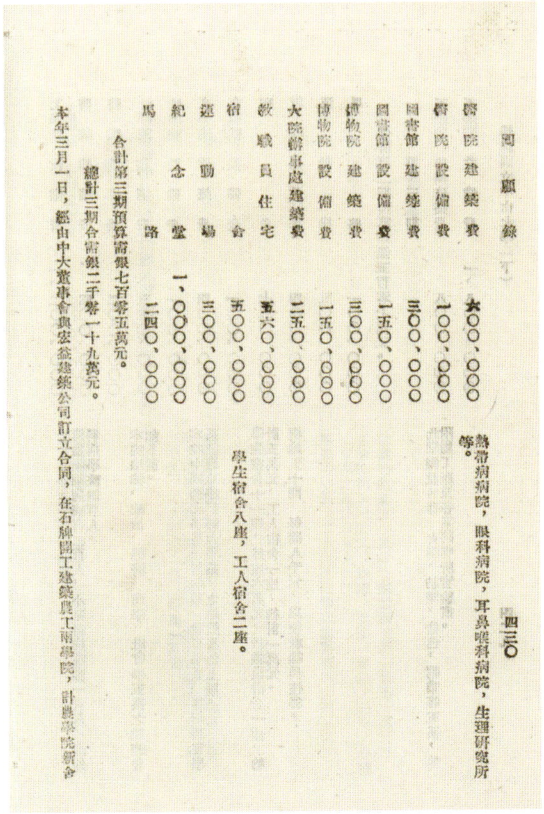

回顧錄（下） 四三○

醫院建築費	六○○、○○○	熱帶病病院，眼科病院，耳鼻喉科病院，生理研究所等。
醫院設備費	一○○、○○○	
圖書館建築費	三○○、○○○	
圖書館設備費	一五○、○○○	
博物院建築費	三○○、○○○	
博物院設備費	一五○、○○○	
大院辦事處建築費	二五○、○○○	
教職員住宅	五六○、○○○	
宿舍	五○○、○○○	學生宿舍八座，工人宿舍二座。
運動場	三○○、○○○	
紀念堂	一、○○○、○○○	
馬路	二四○、○○○	

合計第三期預算需銀七百零五萬元。

總計三期合需銀二千零一十九萬元。

本年三月一日，經由中大董事會與安益建築公司訂立合同，在石牌開工建築農工兩學院，計農學院新舍

原国立中山大学石牌校区建设计划程序及预算表

岭南大学一九五一年度第一、第二学期毕业证书验印名册

华南理工大学档案馆存有岭南大学一九五一年度第一、第二学期毕业证书验印名册，其中的土木工程系两学期共有毕业生24名，电机工程系两学期共有毕业生1名，入学年度为1946年至1948年不等，但毕业时间均为1952年1月，毕业证号为“岭字第*号”。

岭南大学的前身为1888年创办的格致书院，1900年更名为岭南学堂，1912年更名为岭南学校，1918年更名为岭南大学。后几经更迭，1952年岭南大学理工学院土木工程、电机工程2系及有关科组建到华南工学院。

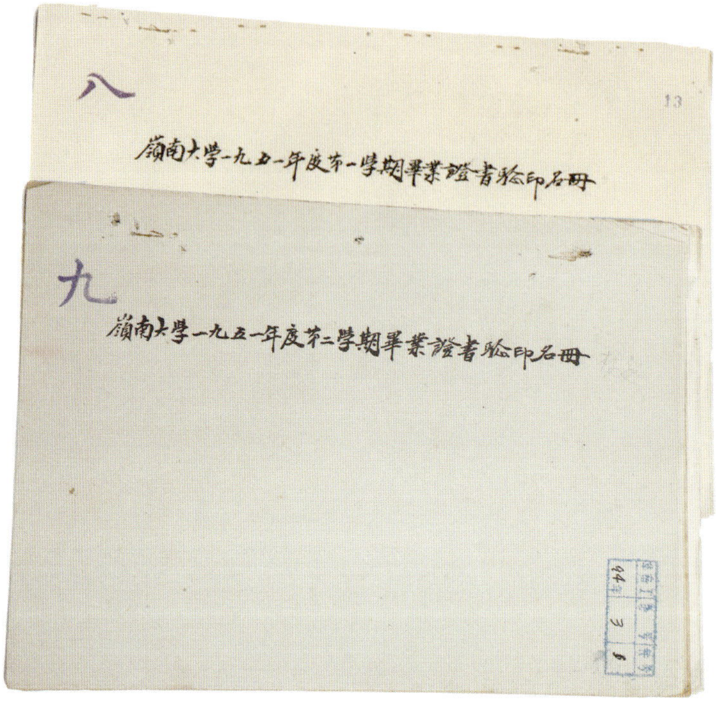

岭南大学一九五一年度第一、第二学期毕业证书验印名册

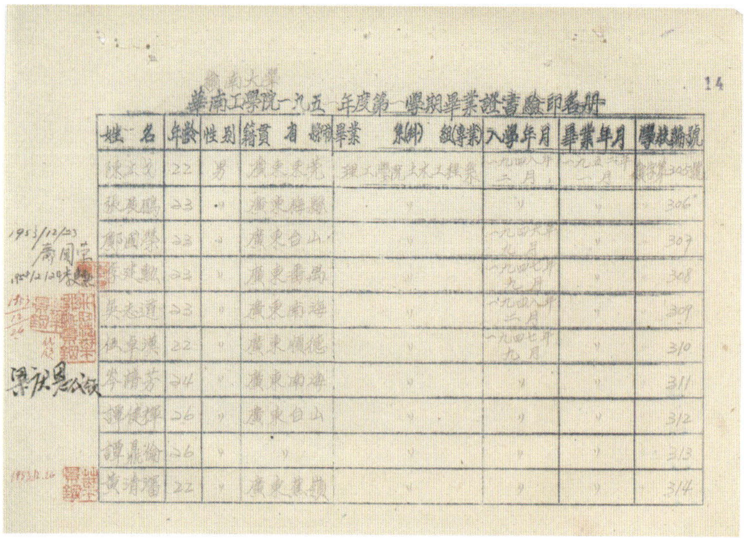

嶺南大學 華南工學院一九五一年度第一學期畢業證書驗印名冊

姓名	年齡	性別	籍貫 省 縣(市)	畢業 系(科) 組(專業)	入學年月	畢業年月	學校編號
[illegible]	22	男	廣東東莞	理工學院土木工程系	一九四八年二月	一九五二年一月	嶺字第305號
[illegible]	23	〃	廣東[illegible]	〃	〃	〃	306
鄭國[illegible]	23	〃	廣東台山	〃	一九四[illegible]年九月	〃	307
[illegible]	23	〃	廣東番禺	〃	一九四七年九月	〃	308
[illegible]	23	〃	廣東南海	〃	一九四八年二月	〃	309
[illegible]	22	〃	廣東順德	〃	一九四七年九月	〃	310
[illegible]	24	〃	廣東南海	〃	〃	〃	311
[illegible]	26	〃	廣東台山	〃	〃	〃	312
[illegible]	26	〃	〃	〃	〃	〃	313
[illegible]	22	〃	廣東[illegible]	〃	〃	〃	314

岭南大学一九五一年度第一学期毕业证书验印名册内页

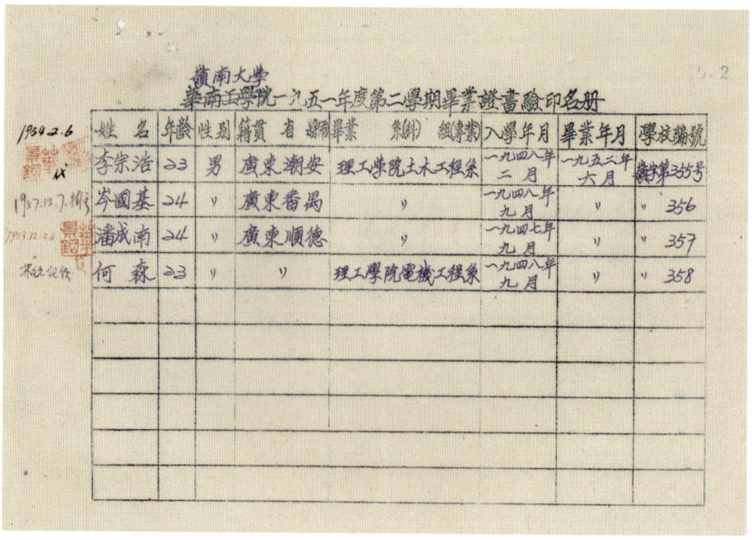

嶺南大學 華南工學院一九五一年度第二學期畢業證書驗印名冊

姓名	年齡	性別	籍貫 省 縣(市)	畢業 系(科) 組(專業)	入學年月	畢業年月	學校編號
李宗浩	23	男	廣東潮安	理工學院土木工程系	一九四八年二月	一九五二年六月	嶺字第355号
岑國基	24	〃	廣東番禺	〃	一九四八年九月	〃	〃 356
潘成南	24	〃	廣東順德	〃	一九四七年九月	〃	〃 357
何森	23	〃	〃	理工學院電機工程系	一九四八年九月	〃	〃 358

岭南大学一九五一年度第二学期毕业证书验印名册内页

《华南联大》第1、第2期

《华南联大》为月刊，是私立华南联合大学校刊，由该刊编辑委员会所编，1951年4月创刊，刊名由该校时任校长李章达题写。华南理工大学档案馆存有《华南联大》创刊号及1951年第2期。

以上两期《华南联大》刊载的内容主要有：由李章达校长撰写的发刊词，华南联合大学筹备经过，学校组织与人事，文法、财经、理工等学院的概况，师生所写的庆祝新校成立的诗词以及教学报道、问题解答、爱国运动、一般动态等。

华南联合大学于1951年3月由私立广州大学、私立广东国民大学、私立文化大学和私立广州法学院等联合而成。1952年11月全国院系调整期间，该校理工学院的土木、机械、电机、建筑4系并入华南工学院。

扫码观看"《华南联大》第1、第2期"视频

《华南联大》创刊号封面

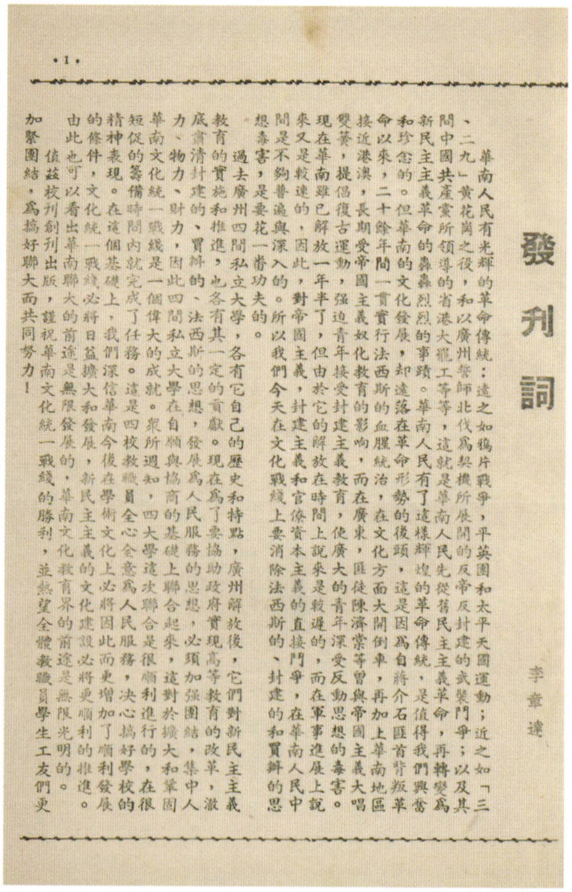

·1·

發刊詞

李章達

華南人民有光輝的革命傳統：遠之如鴉片戰爭，平英團和太平天國運動；近之如「三、二九」黃花崗之役，和以廣州誓師北伐爲契機所展開的反帝反封建的武裝鬥爭；以及其間中國共產黨所領導的省港大罷工等等，這就是華南人民先從舊民主主義革命，再轉變爲新民主主義革命的轟轟烈烈的事蹟。華南人民有了這樣輝煌的革命傳統，是值得我們興奮和珍念的。但華南的文化發展，卻遠落在革命形勢的後頭，這是因爲自蔣介石匪首背叛革命以來，二十餘年間一貫實行法西斯的血腥統治，在文化方面大開倒車，再加上華南地區接近港澳，長期受帝國主義奴化教育的影响，而在廣東，匪徒陳濟棠等曾與帝國主義大唱雙簧，提倡復古運動，强迫青年接受封建主義教育，使廣大的青年深受反動思想的毒害。現在華南雖已解放一年半了，但由於它的解放在時間上說來是較遲的，而在軍事進展上說來又是較遲的，因此，對帝國主義，封建主義和官僚資本主義的直接鬥爭，在華南人民中間是不夠普遍與深入的。所以我們今天在文化戰綫上要消除法西斯的、封建的和買辦的思想毒害，是要花一番功夫的。

過去廣州四間私立大學，各有它自己的歷史和特點，廣州解放後，它們對新民主主義教育的實施和推進，也各有其一定的貢獻。現在爲了要協助政府實現高等教育的改革，澈底肅清封建的、買辦的、法西斯的思想，發展爲人民服務的思想，必須加强團結，集中人力、物力、財力，因此四間私立大學在自願與協商的基礎上聯合起來，這對於擴大和鞏固華南文化統一戰綫是一個偉大的成就。衆所週知，四大學這次聯合是很順利進行的，在很短促的籌備時間內就完成了任務。這是四校教職員全心全意爲人民服務，決心搞好學校的精神表現。在這個基礎上，我們深信華南今後在學術文化上必將因此而更增加了順利發展的條件，文化統一戰綫必將日益擴大和發展，新民主主義的文化建設必將更順利的推進。由此也可以看出華南聯大的前途是無限發展的，華南文化教育界的前途是無限光明的。

值茲校刊創刊出版，謹祝華南文化統一戰綫的勝利，並熱望全體教職員學生工友們更加緊團結，爲搞好聯大而共同努力！

《华南联大》创刊号发刊词

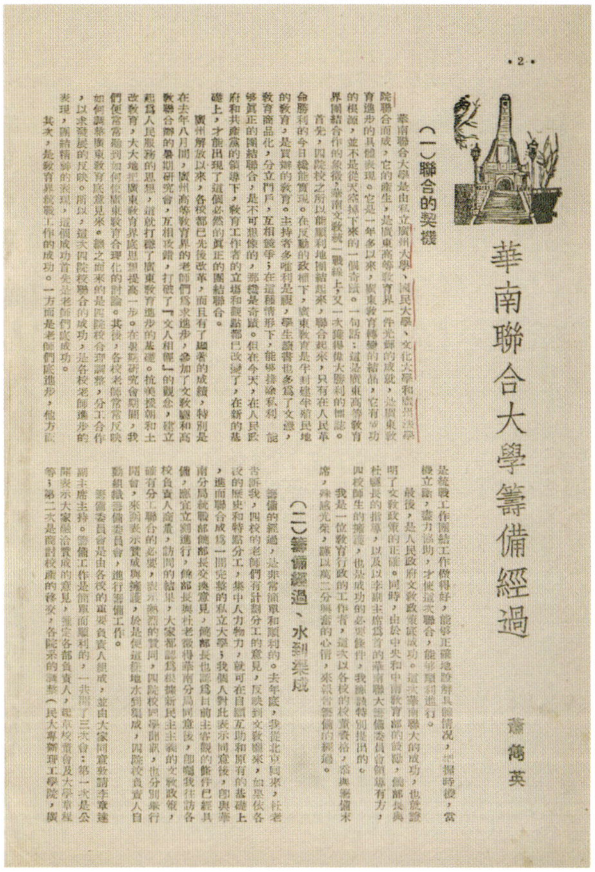

·2·

華南聯合大學籌備經過

蕭雋英

（一）聯合的契機

（二）籌備經過、水到渠成

《华南联大》创刊号登载的《华南联合大学筹备经过》

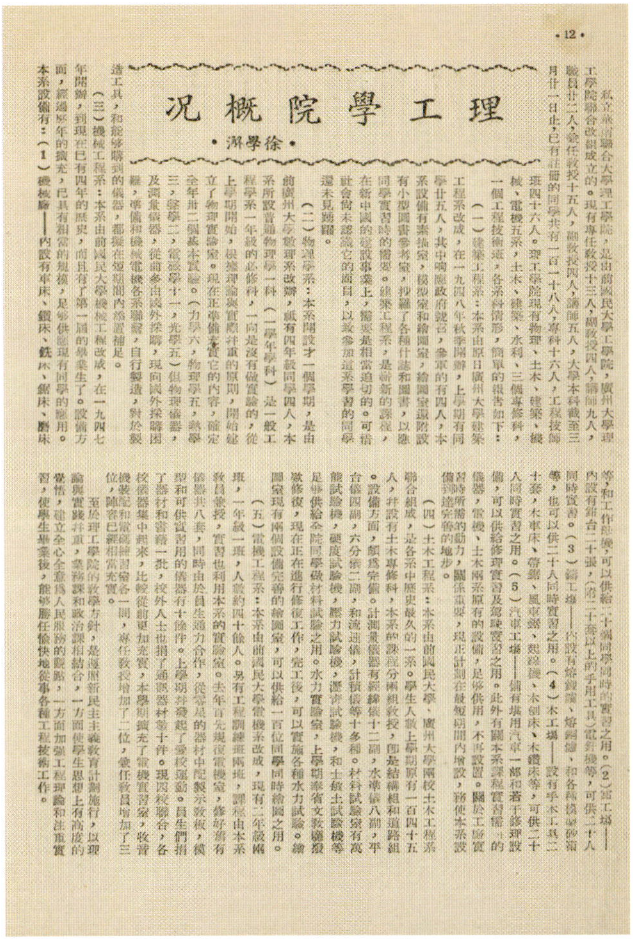

·12·

理工學院概況

·徐學澥·

《华南联大》创刊号登载的《理工学院概况》（时任华南联合大学理工学院院长、1952年任华南工学院筹备委员会副主任的徐学澥教授撰文）

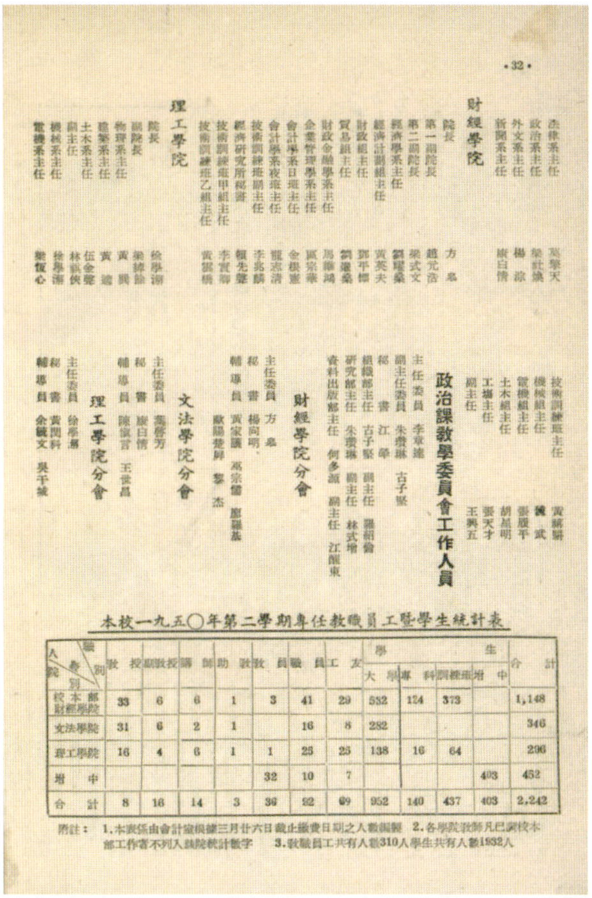

·32·

財經學院

理工學院

政治課教學委員會工作人員

文法學院分會

理工學院分會

本校一九五〇年第二學期專任教職員工暨學生統計表

院別	教授	副教授	講師	助教	教員	職員	工友	學生 大學	專科	訓練班	附中	合計
校本部 財經學院	33	6	6	1	3	41	29	532	124	373		1,148
文法學院	31	6	2	1		16	8	282				346
理工學院	16	4	6	1	1	25	25	138	16	64		296
附中					32	10	7				403	452
合計	8	16	14	3	36	92	69	952	140	437	403	2,242

附註：1.本表係由會計室根據三月廿六日截止繳費日期之人數編製 2.各學院教師凡已調校本部工作者不列入該院統計數字 3.教職員工共有人數310人學生共有人數1932人

《华南联大》创刊号登载的华南联合大学各单位负责人名单（节选），其中有华南理工人熟知的徐学澥、梁绰余、黄适等知名教授

《湖南大学工程学院化学工程学系历届（1949—1952届）毕业生名册》

湖南大学于1926年成立（时名省立湖南大学），其化学工程学系于1952年全国院系调整期间组建到华南工学院。

华南理工大学档案馆存有《湖南大学工程学院化学工程学系历届（1949—1952届）毕业生名册》，记录有湖南大学1949—1952届化学工程学系毕业生共52人，入学年度为1943年至1948年不等，毕业生多为湖南生源，也有来自江苏、安徽、江西、甘肃的毕业生各一名。其中，1952年10月调入华南工学院任教，曾任学校教务长、图书馆馆长的知名化工专家陈仲言教授为湖南大学化学工程系1949届毕业生。

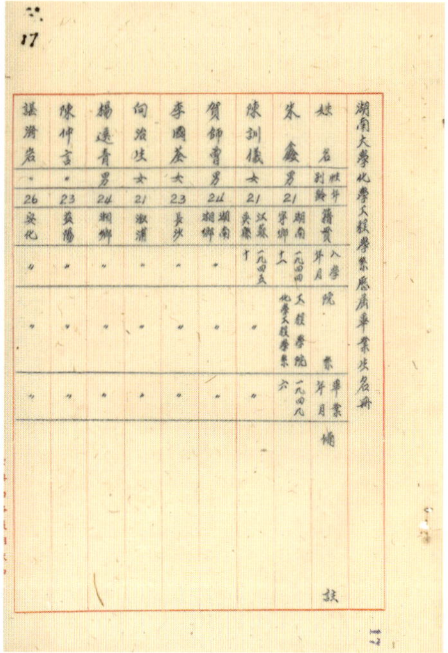

曾任华南工学院教务长、图书馆馆长的知名化工专家陈仲言教授所在名册内页

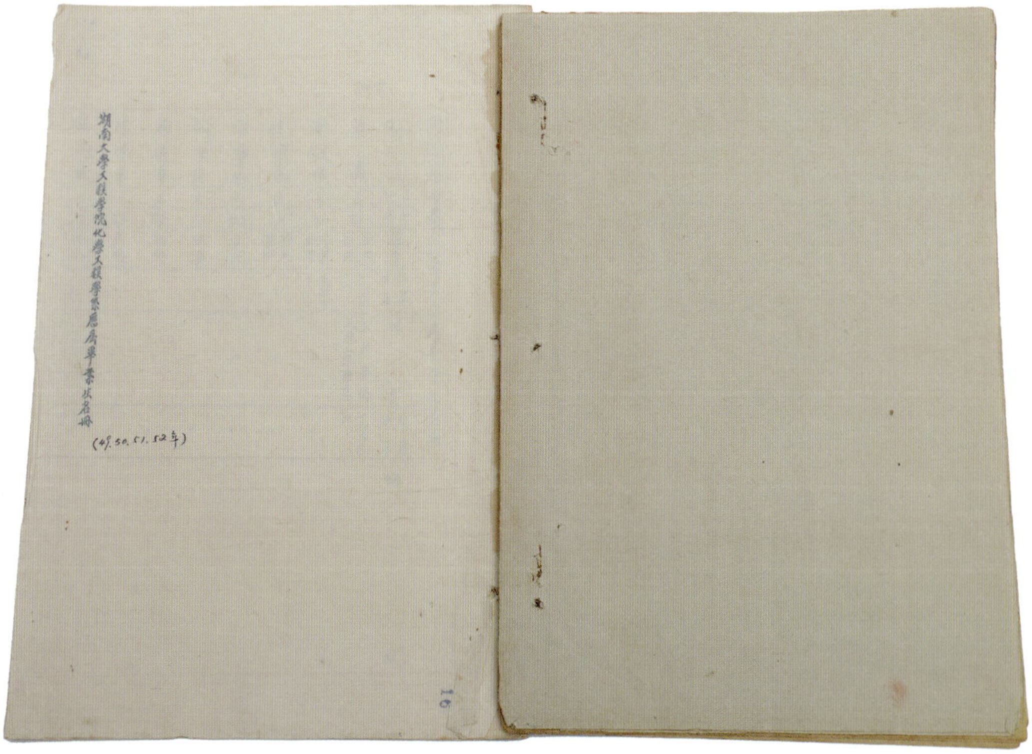

《湖南大学工程学院化学工程学系历届（1949—1952届）毕业生名册》

《国立中山大学毕业同学录》

《国立中山大学毕业同学录》是原国立中山大学各届学生在毕业之际为记录四年难忘的学习生活而编印的纪念册。华南理工大学档案馆存有1947届、1949届、1950届、1951届毕业同学录共4册。

同学录内容丰富，具有珍贵的史料价值。多以革命领袖开篇，其中1947届为孙中山先生像，1950届、1951届均为毛泽东主席像；随之附以校史的追溯，所述以1947届、1949届尤为详尽。4册均印有校徽，1947届、1949届印有校训，1947届印有校歌，其中1947届、1949届校徽为同一图案，1951届则已更换。序言多为时任校长所作，其中1947届为王星拱，1949届为陈可忠，1951届为许崇清。同学录中所载反映各系学生学习、生活、实践场景的校景图、石牌校舍平面图、毕业生学士服照，及校领导、各学院院长、系主任等照片至今仍较为清晰，尤其珍贵。其中，总务长罗雄才、工学院院长龙庆忠（1949—1950年兼任建工系主任）、机工系主任朱惠照、土木系主任方棣棠，1949年机工系主任罗明燏，1949—1951年化工系主任刘鸿，1950—1951年农化系主任余蔚英，1951年建工系主任陈伯齐等知名教授，以及机工系1951届毕业生周其节等均于1952年调入华南工学院任教，其中罗明燏任学校筹备委员会主任、院长，罗雄才任筹备委员副主任、副院长。

除此以外，同学录中还登载了各学院各系情况介绍、同学们实习实践、社团活动、假期学习、教学会议、国际青年学生莅校参观等的文字及照片；各系毕业生通讯录、1950届毕业生大学四年大事记等，展现了学子丰富多彩的大学生活，以及努力求学、立志报国的情怀和师生、同学之间的深厚情谊。

扫码观看“《国立中山大学毕业同学录》”视频

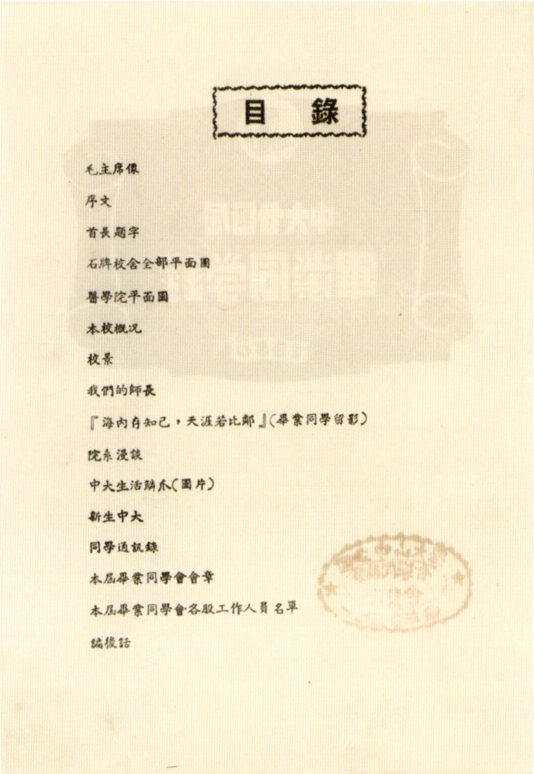

目　錄

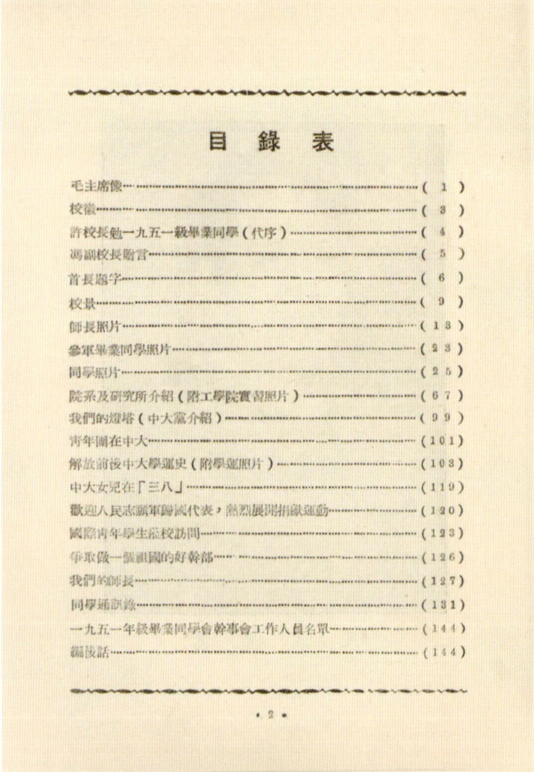

目 錄 表

•2•

《国立中山大学毕业同学录》目录（上为1950届，下为1951届）

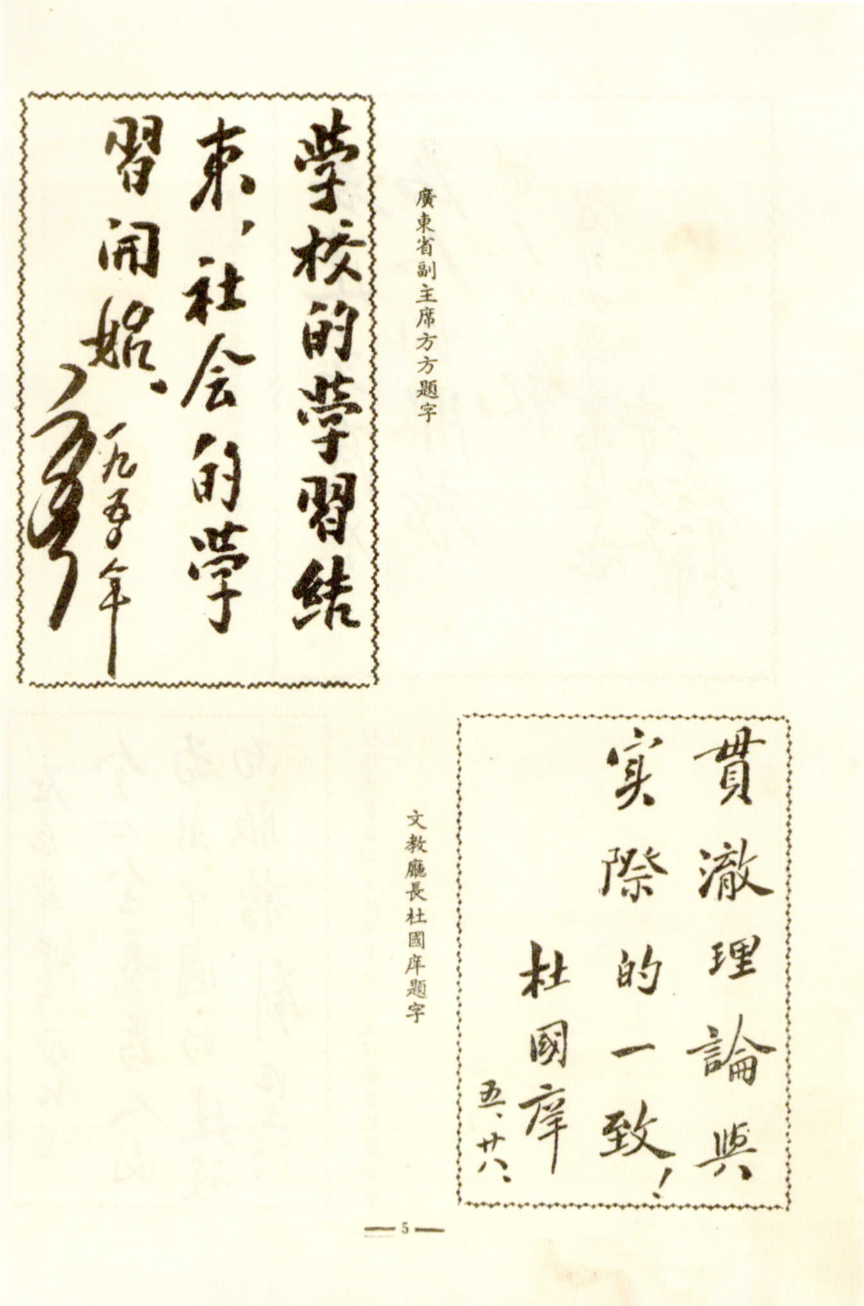

學校的學習結束，社会的學習開始。
方方
一九五〇年

廣東省副主席方方題字

貫徹理論與實際的一致！
杜國庠
五、廿六

文教廳長杜國庠題字

—5—

时任广东省人民政府第一副主席方方、文教厅长杜国庠题字，收录在1950届《国立中山大学毕业同学录》中

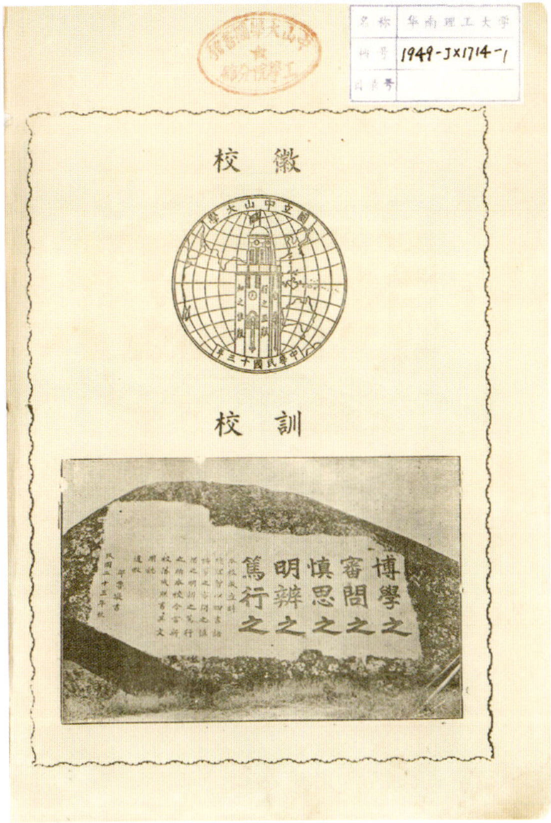

1949届《国立中山大学毕业同学录》中的原国立中山大学校徽图案、校训刻石照片

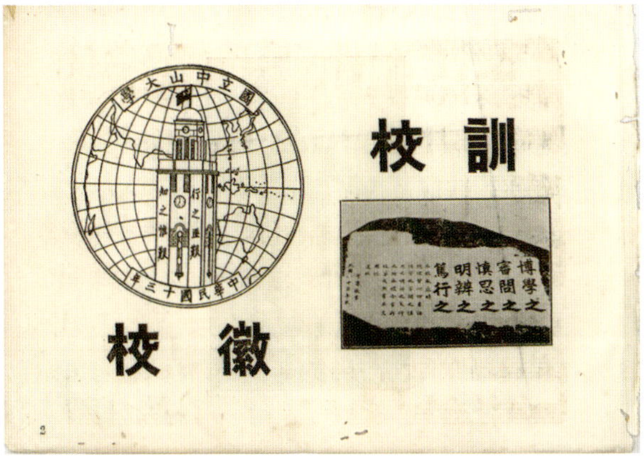

1947届《国立中山大学毕业同学录》中的原国立中山大学校徽图案、校训刻石照片

1947届《国立中山大学毕业同学录》中的中山大学石牌校区（即今华南理工大学五山校区、华南农业大学所在地）校景照片

1950届《国立中山大学毕业同学录》中的中山大学石牌校区（即今华南理工大学五山校区、华南农业大学所在地）校景照片

化学专家罗雄才教授时任原国立中山大学教务长（1949届《国立中山大学毕业同学录》），后担任华南工学院筹备委员会副主任、华南工学院副院长

原国立中山大学工学院机工系主任罗明燏、建筑工程系主任龙庆忠、化学工程系主任刘鸿均为华南理工大学知名教授，其中被誉为“海陆空专家”的罗明燏教授曾任华南工学院筹备委员会主任、院长（1949届《国立中山大学毕业同学录》）

著名建筑家龙庆忠时任原国立中山大学工学院院长（1950届、1951届《国立中山大学毕业同学录》）

原国立中山大学工学院化学工程系主任刘鸿、机械工程系主任朱惠照、土木工程系主任方棣棠、农业化学系主任余蔚英均为华南理工大学知名教授（1950届《国立中山大学毕业同学录》）

原国立中山大学工学院化学系主任王孟钟、建工系主任陈伯齐、机工系主任朱惠照、化工系主任刘鸿均为华南理工大学知名教授（1951届《国立中山大学毕业同学录》）

原国立中山大学工学院1947届土木工程系部分校友

原国立中山大学工学院1951届化工系部分校友（其中魏诗榴于1952年调入华南工学院任教，1981年晋升为教授）

慕殷競賽冠軍的土木工程系

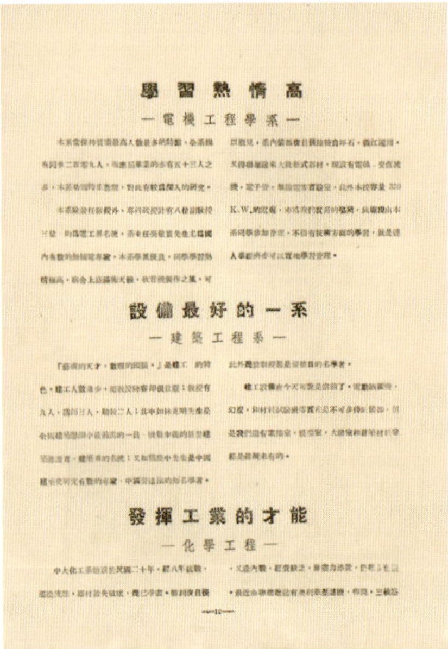

學習熱情高

—電機工程學系—

設備最好的一系

—建築工程系—

發揮工業的才能

—化學工程—

1949届《国立中山大学毕业同学录》中介绍的工学院各系

為實現工業電氣化而奮鬥

——電機工程系——

交直流電機實驗室

在中大電工系是一個响亮而熟悉的名字，它素來被認為是最團結和最健全的一系，一百五十多個兄弟姊妹，不分你我，互相學習，共同進步，一條心向着一個目標前進，團結得像一個巨人。所以在各種運動中，電工系始終是一支有力的支柱。

電工系的功課是有名繁重的，同學們的學習都異常緊張而認眞。老師和同學的關係在解放前已搞得很不錯，現在更向前跨進了一步；由於師生共同的研究與切磋，教學方法和學習方法都大有進步，在轉入新民主主義學習的今天，我們很迅速的克服了在解放初期學習上的散漫和混亂狀態，並且由個人學習逐漸走上了集體主義學習。無可否認的，在個別的班級中目前還存在着不重視政治課學習的偏向，但我們已有决心去克服它。我們要培養自己成為人民的科學工作者。

本系的教授，講師，助教一共只有七位，以這麼龐大的電工系來說，實在是少得可憐了！因此每個教師都不得不負担繁重的功課，雖然他們還是那麼負責，那麼積極，但是我們以為教師們的不正常的過重負擔，不能永遠繼續下去，希望各方對這現象給予重視。

設備方面：已經略具規模，現在已開放的有無線電，電子管，電磁學，交流電機，直流電機及光學等實驗室，每天的下午和夜間，都有同學在實驗室裏埋頭工作，遺憾的是還有許多機器，因受經濟條件的限制，不能充分利用，零件的補充也不能源源而來，但在師生合作之下，困難已逐步克服。如果當局許可的話，我們還計劃設廣播電台，一方面可供同學作實習之用，還可以負責廣播教育的任務。

總之，目前電工系已開始走上建設的道路，不可避免的要遭遇到許多困難，特別是經濟上的困難；但只要國家經濟好轉，這些困難一定可以一一迎刃而解。我們堅信電工系前途是無限光明的。

無線電實驗室

—99—

1950届《国立中山大学毕业同学录》中介绍的工学院电机工程系

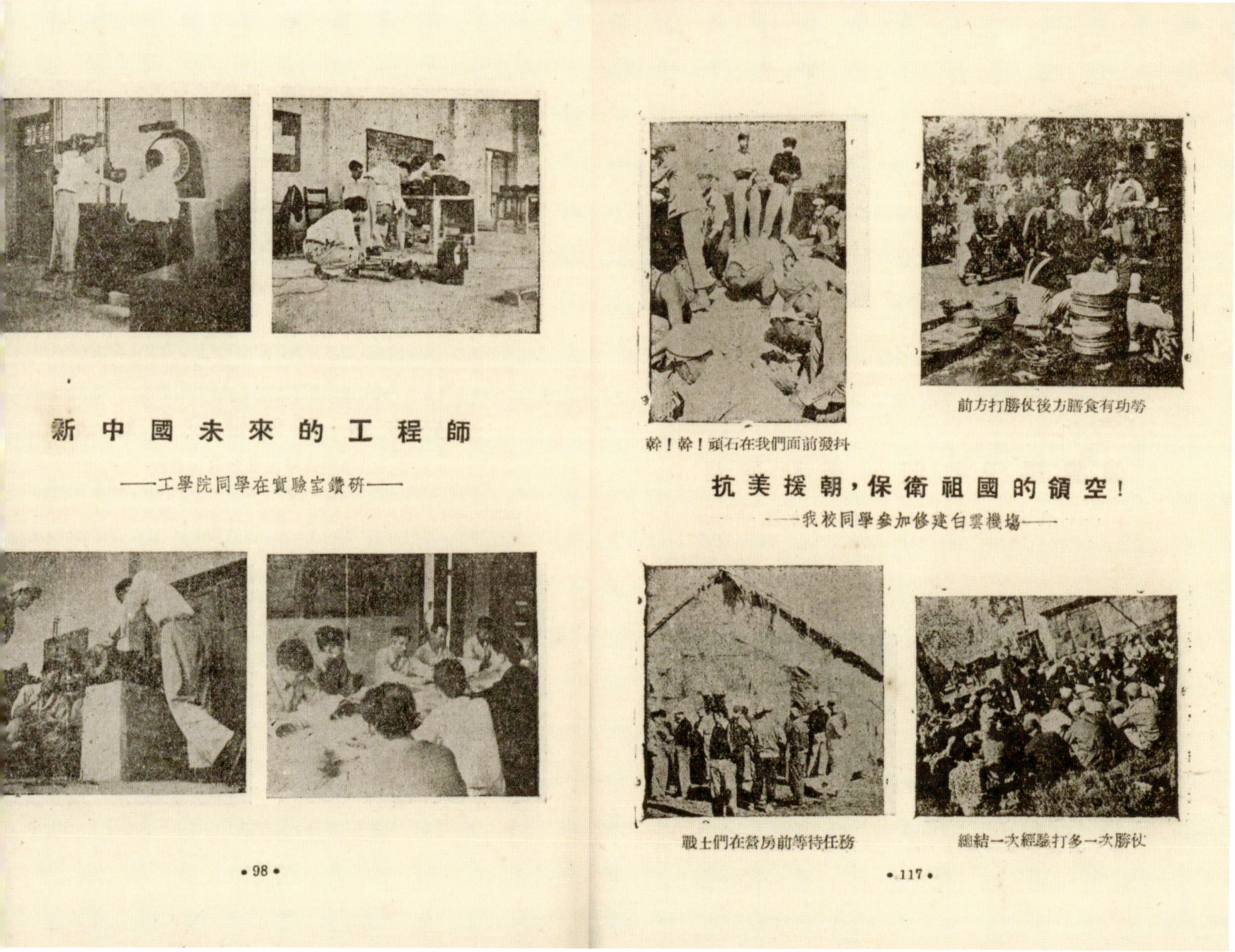

新中國未來的工程師

——工學院同學在實驗室鑽研——

•98•

幹！幹！頑石在我們面前發抖

前方打勝仗後方膳食有功勞

抗美援朝，保衛祖國的領空！

——我校同學參加修建白雲機場——

戰士們在營房前等待任務

總結一次經驗打多一次勝仗

•117•

工学院学生做实验、学校学生参加修建白云机场等场景（1951届《国立中山大学毕业同学录》）

华园记忆

第二章 朱甍碧瓦

DIER ZHANG
ZHUMENG BIWA

建筑是刻在石头上的史诗。

——中国工程院院士、华南理工大学建筑学院名誉院长何镜堂

1924年9月，国立广东大学（原国立中山大学前身）创办以后，孙中山先生以“原有校舍散处市区不适藏修尤难发展”，命时任校长邹鲁“择定石牌为新校舍甫事经营”。

20世纪30年代初，原国立中山大学组织人员在广州石牌地区开山造园，植树挖湖，层楼叠榭在市郊荒凉的土地上拔地而起，朱甍碧瓦之宏伟与湖光山色之秀美交相辉映，构成了壮阔典雅的大学新校园。

八十余载光阴流转，当年荒芜的土地上，植被早已亭亭如盖，华园中的老建筑经受过硝烟的洗礼和时代的变迁，依然俊秀挺拔，蔚为壮观。2002年7月，原国立中山大学石牌旧址建筑群被列入广州市第六批文物保护单位，这些老建筑亲历了数不清的重大历史事件，见证着学校在不同时期的发展，是历史留给华南理工人的珍贵文化遗产。

5号楼

华南理工大学五山校区5号楼由岭南近现代著名建筑师郑校之设计，1934年10月动工，次年11月竣工，建筑面积3 530.9平方米。

5号楼原为国立中山大学文学院。1938年10月广州沦陷前，5号楼是原国立中山大学爱国学生抗日救亡活动聚集地；1941年9月到1945年日本投降期间，该楼为侵华日军第二十三军司令部所在地；1949年10月广州解放前夕，它是广州地区进步学生反饥饿、反内战、反迫害斗争的策源地。

5号楼现为华南理工大学公共管理学院、马克思主义学院所在地。

建筑中的5号楼，摄于1934年

扫码观看“5号楼”视频

竣工后的5号楼，摄于1935年

5号楼，摄于1947年前

5号楼，摄于1949年前

5号楼，摄于20世纪80年代

5号楼，摄于20世纪90年代

5号楼屋顶的孔雀脊兽，摄于2019年

5号楼门廊，摄于2019年

5号楼门廊，摄于2019年

5号楼建筑的挑梁与檐部饰带，摄于2019年

5号楼，摄于2019年

6号楼

6号楼位于华南理工大学五山校区庐山路东侧，由岭南近现代著名建筑师杨锡宗设计，1933年3月动工，次年9月竣工，建筑面积2 363.2平方米。

该楼原为国立中山大学理学院化学系教室，1945年抗日战争胜利后作为学校总办公厅所在地；1952年10月华南工学院组建后，该楼曾一度用作图书馆及学校办公场所；1954年底，6号楼转归建筑学系，使用至今。

1958年，时任华南工学院党委第一书记张进为该楼题写楼额“建筑红楼”，因此6号楼又被称为“建筑红楼”。

扫码观看“6号楼”视频

6号楼，摄于1934年

1949年前的6号楼

1958年，学生在6号楼前合影

6号楼，摄于1959年

1959年，学生在6号楼前合影

6号楼，摄于20世纪90年代

6号楼，摄于2019年

6号楼的琉璃彩画装饰，摄于2019年

6号楼内廊，摄于2019年

6号楼，摄于2019年

7号楼

7号楼位于华南理工大学五山校区庐山路北端，由岭南近现代著名建筑师、建筑教育家林克明设计，始建于1934年10月，竣工于次年11月，建筑面积2 338.1平方米。

该楼建成后到1938年广州沦陷前，一度为原国立中山大学理学院化学系用楼，1945年日本投降后转作该校工学院化学工程教室，今为华南理工大学土木与交通学院土木系用楼。

扫码观看“7号楼”视频

7号楼，摄于1935年

1940年前的7号楼（左侧）

1959年，工业与民用建筑专业学生在7号楼教室前合影

7号楼，摄于1982年

7号楼，摄于2019年

7号楼，摄于2019年

8号楼，摄于1935年

8号楼

8号楼位于华南理工大学五山校区逸夫科学馆的北面，建筑面积2 512.3平方米，由岭南近现代著名建筑设计师杨锡宗设计，1933年3月动工，次年9月竣工。

该楼为框架结构、高两层的内廊式合院平面建筑，既呈现出丰富的中国古代宫殿元素，又融合了欧美的建筑风格，体现了民国时期中西合璧的建筑特色。

8号楼原为国立中山大学工学院电气工程、机械工程教室，现为华南理工大学材料科学与工程学院用楼。

扫码观看“8号楼”视频

8号楼，摄于1959年

8号楼，摄于1959年

8号楼（右）、9号楼（左），摄于1959年

8号楼内廊，摄于1992年

8号楼，摄于1992年

8号楼丰富的中国古代宫殿元素，摄于2019年

8号楼庭院，摄于2019年

8号楼内廊，摄于2019年

8号楼门廊之一，摄于2019年

9号楼

9号楼位于华南理工大学五山校区逸夫科学馆西侧，建筑面积2 294.4平方米。该楼由岭南近现代著名建筑设计师杨锡宗设计，1933年3月动工，次年9月竣工。

9号楼与毗邻的8号楼出自同一建筑设计师，亦为框架结构、高两层的内廊式合院平面建筑。两楼同时启建、同时竣工，因此同宗同源的两楼建筑风格十分类似，主要在建筑细节上体现出差异。

值得一提的是，8号楼、9号楼在选址布局上，与校园中轴线之东的6号楼、7号楼在方位上形成东西副轴线对称的格局，反映了当年校园规划与建造者的传统风水观念。

9号楼原为国立中山大学工学院土木系教室，今为华南理工大学电力学院用楼。

扫码观看“9号楼”视频

9号楼，摄于1934年

9号楼前喷水池，摄于1959年

1937年前的9号楼（左）、8号楼（右）

1956年，9号楼前篮球场上的学生

9号楼，摄于1994年

9号楼，摄于2019年

9号楼庭院，摄于2019年

9号楼为高两层的内廊式合院平面建筑，摄于2019年

9号楼内廊，摄于2019年

百步梯

百步梯位于华南理工大学五山校区半山西路中段西侧，倚山面东，是通往12号楼的一段百余级水泥阶梯。

该梯建于1936年1月，由岭南近现代著名建筑师杨锡宗设计，初以三合土（即1份水泥、2份沙、4份碎石加水混合的建筑材料）为材，后改为砖砌敷水泥砂浆步级。

百步梯掩映在山间的绿树丛中，拾阶缘山而上，犹如人生步步登高。古朴的石梯伴随着学校的发展变迁走过了八十余载沧桑岁月，是华园里一代又一代优秀人才努力攀登科学高峰的最好见证。

百步梯，摄于1948年

百步梯，摄于1947年前

百步梯，摄于1983年

扫码观看“百步梯”视频

百步梯，摄于1987年

百步梯，摄于2000年前后

五山校区图书馆

老图书馆位于华南理工大学五山校区，总馆工程由著名图书馆学专家、原国立中山大学图书馆主任杜定友教授主持，岭南近现代著名建筑设计师杨锡宗设计，1936年11月动工，后因全国抗日战争爆发而停工，当时仅完成了首层楼面的混凝土工程。

1951年1月，中山大学决定在原基础上修改设计续建，由岭南近现代著名建筑设计师夏昌世教授主持修改，陈伯齐、杜汝俭、林克明、方棣棠与邝正文等参与，当年5月修建工程动工。至1952年10月全国院系调整，华南工学院续建此工程，1954年5月竣工验收，全部工程改建面积为8 842.4平方米。

老图书馆原设计为3层中国宫殿式建筑，但该楼从动工到竣工，历经新旧两个社会阶段，建筑的设计风格也随之发生了剧烈的变化。1959年，老图书馆作为中华人民共和国成立10周年“我国基本建设方面伟大成就的一个缩影”，被国家建筑部建筑科学研究院主编的中华人民共和国《建筑十年》画册收录。2014年，广州市人民政府将华南工学院图书馆旧址列入广州市历史建筑名录。

此后，五山校区图书馆还分别于1987—1991年、2014—2017年进行修缮、改造和扩建，在老建筑的基础上绽放出新姿态。2017年改造后，对外开放面积达到19 907平方米，阅览座位由一千多个增加至两千多个，同时还布置了一整套完善的消防系统，并优化了空调系统。修缮一新的图书馆既凝聚人文气息，又彰显华工特色，浩如烟海的华园阅读宝库成为莘莘学子“充电”学习的好去处。

本市教育事業正日益發展，這是華南工學院新建成的一座宏大校舍，該校舍可容一千多人在裡面上課。

1953年3月27日，《广州日报》登载的华南工学院图书馆

老图书馆，摄于1955年

老图书馆，摄于1954年

扫码观看“五山校区图书馆”视频

認眞讀书的良好学风，已在华南工学院逐步形成。早上，校园里到处都洋溢着誦讀俄語的声音。上課鈡一响，各个課室就静悄悄的，同学們都聚精会神地听課或認眞复习功課。这是华南工学院图书館的一角。这間設有数百个座位的大閱览室，常常座无虛席。 本报記者摄

1959年12月7日，《羊城晚报》登载的华南工学院图书馆

老图书馆，摄于1960年

老图书馆，摄于1979年

老图书馆，摄于1982年

老图书馆前，历经二十三载光阴流转依然笑靥如花的华工校友（左摄于1956年，右摄于1979年）

学生在老图书馆阅读学习，摄于1983年

1987年，华南工学院图书馆工程开工典礼

1988年，正在紧张施工的图书馆工地

1992年8月，新装修完成的五山校区图书馆内宽敞明亮的大阅览室

扩建后的五山校区图书馆，摄于1994年

五山校区图书馆，摄于20世纪90年代

五山校区图书馆，摄于2002年

2014年，广州市人民政府将华南工学院图书馆旧址列为广州市历史建筑

2014年，五山校区图书馆修缮改造工地现场

2014年，五山校区图书馆修缮改造工地现场

五山校区图书馆门廊，摄于2019年

五山校区图书馆门廊，摄于2019年

五山校区图书馆门廊，摄于2019年

体育馆

体育馆位于华南理工大学五山校区中山东路中段南侧，原为国立中山大学体育馆，由岭南近现代著名建筑设计师关以舟、余清江设计，1936年6月动工，次年9月竣工，建筑面积2 905.4平方米。楼前正门门额“体育馆”三个字为时任校长邹鲁所书。

该馆为大跨度公共建筑，分为前后两部分，前为体育馆两层辅助用房，后为单层室内运动场。20世纪70年代中期之前，该馆后部分平日作为集会及文化活动场所，雨天时则作为室内体育课场地；2001年之前，该馆前部分一直是学校体育教研室用房，后变更为学校机关办公场所。

多年来，体育馆几经翻修，既提高了屋顶防水能力，又改善了通风降温条件。2012—2013年，学校利用教育部专项维修资金，再次对体育馆进行了修缮。后部分现配备了780多张舒适座椅，体育馆成为华园师生中小型集会的场所，也是师生们周末看电影的好去处。

体育馆，摄于1937年

体育馆，摄于1947年

扫码观看“体育馆”视频

体育馆后侧面，摄于1950年前

体育馆，摄于20世纪80年代

体育馆，摄于2019年

发电所

发电所，又称发电厂或电灯房，是原国立中山大学石牌校区的发电工场，1934年11月动工，次年11月竣工，建筑面积428.3平方米。正门门额“发电所”三个字以及奠基石碑文，均由时任校长邹鲁所书。

1938年10月广州沦陷后，日军占领校园，发电所也被其霸占；1945年8月日本宣布无条件投降后，所内设施多被损坏。广州解放前夕，原国立中山大学师生在中共广州地下党的领导下，开展反对政府迁校到海南的应变护校公开斗争。其中，成立了由电机系教授与工人参加的水电管理组，担当起维护、保卫发电所的任务。

后来，发电所还曾用作华南理工大学水电后勤服务场所，2008年其内部经欧式装修后，被改建为校园果吧。发电所今日的功能与其设计初衷早已大相径庭，然而它极具时代特色的建筑外形，以及室内天花上仍旧留存着的一台天车，仿佛向来客细腻展示着八十余载岁月更迭铭刻在它身上的历史印记。

发电所，摄于1937年前

发电所，摄于1937年前

扫码观看“发电所”视频

发电所内的天车，摄于2019年

发电所具有西方现代特色的黑漆钢腹门窗，摄于2019年

2019年春，发电所旁植被亭亭如盖

发电所，摄于2019年

西二、西三宿舍

西二、西三宿舍，是华南理工大学五山校区西湖南岸并排着的两幢3层宿舍楼。两楼均由岭南近现代著名建筑师杨锡宗设计，西三宿舍于1933年10月动工，次年9月竣工，建筑面积1 529.2平方米；西二宿舍于1935年4月动工，次年竣工，建筑面积约1 562.4平方米。

两幢宿舍原来均为原国立中山大学石牌校区女生宿舍，西三宿舍当年称女生第一宿舍，西二宿舍当年称女生第二宿舍。1952年10月华南工学院组建后，两幢宿舍才更名为西二、西三宿舍。

多年来两幢宿舍多为女生使用。八十余载时光荏苒，红墙宿舍依然静静伫立在西湖之滨，大气端庄，沉静典雅，是华园女生生活歇息的美丽家园。

西二、西三宿舍，摄于1950年

西二、西三宿舍，摄于20世纪90年代

西三宿舍，摄于2019年

西二宿舍，摄于2019年

西三宿舍，摄于2019年

东一至东五宿舍

东一至东五宿舍，位于华南理工大学五山校区东湖东端，由岭南近现代著名建筑师杨锡宗设计，均为框架结构，每幢建筑面积约1 600平方米。

五幢宿舍原为国立中山大学石牌校区男生宿舍群，五楼依地形而立，以半圆状对称环拥东湖之东，楼号当时按逆时针排序为第一宿舍至第五宿舍。为嘉许捐资者，当时的第一、第二、第五宿舍分别冠名为“广西宿舍”“中孚宿舍”“芝庭宿舍”，且均将楼名刻于正门门额之上。

1952年10月华南工学院组建后，五幢宿舍按顺时针更名为东一至东五宿舍，仍为男生使用。

2005年11月，学校决定逐步以新宿舍置换旧宿舍，东一至东五五幢旧宿舍改由学校建筑设计研究院使用。2009年4月起，五幢宿舍作了较大修缮。2010年8月至今，陆续为建筑设计研究院使用。

东四宿舍（原中孚宿舍），摄于1934年

东五宿舍（原广西宿舍），摄于1934年

五幢宿舍（部分），摄于1937年前

东一至东五宿舍，摄于1948年前

东二、东三宿舍，摄于20世纪80年代

东一至东五宿舍，摄于2019年

东一宿舍，摄于2019年

东一宿舍捐资者纪念碑石

东二宿舍，摄于2019年

东二宿舍，摄于2019年

东三宿舍，摄于2019年

东四宿舍，摄于2019年

东四宿舍捐资者纪念碑石

东五宿舍，摄于2019年

东五宿舍捐资者纪念碑石

华园记忆

第三章

DISAN ZHANG
MINGXIN CHUANFANG

明信传芳

名篆，字少章，号明信公子。

——清·厉荃《事物异名录·文具·图章》

“印者，信也”。印章自问世以来便被视为信用的凭证，流传至今还兼具了身份的象征和审美的价值。而在华园中，印章的更替总是随着学校的历史沿革不断发生演变，印章也因此成了华南理工大学百年发展变迁的最佳见证物之一。

华南理工大学档案馆收藏有与学校历史演变息息相关的、极其丰富的历史印章和印模。典籍藏书章繁华别致，散发着淡淡的翰墨书香；馆藏行政印章端正质朴，分门细数着校园机构的人事更迭；名人签字章沉稳端方，凝聚了学校老领导们勤耕不辍的奋斗时光。

每一枚馆藏印章均特色鲜明，风格各异，却无一不在细细诉说着峥嵘岁月中一段段令人难忘的华园记忆。

典籍藏书章

广东国民大学图书馆藏书章

广东国民大学图书馆藏书章，见于华南理工大学档案馆珍藏的民国典籍《第一次中国教育年鉴》下册丙编至戊编（1934年出版）、《广州市政府市政公报》（第409—412期，1932年出版）、《国立中山大学成立十周年新校落成纪念册》（1934年出版）、《科学》第十五卷第1—6期（1930—1931年出版）、《科学画报》第十卷（1943—1944年出版）、《专科以上学校教员名册》第二册（1947年出版）。

广东国民大学为华南理工大学历史溯源主要学校之一，成立于1925年10月。

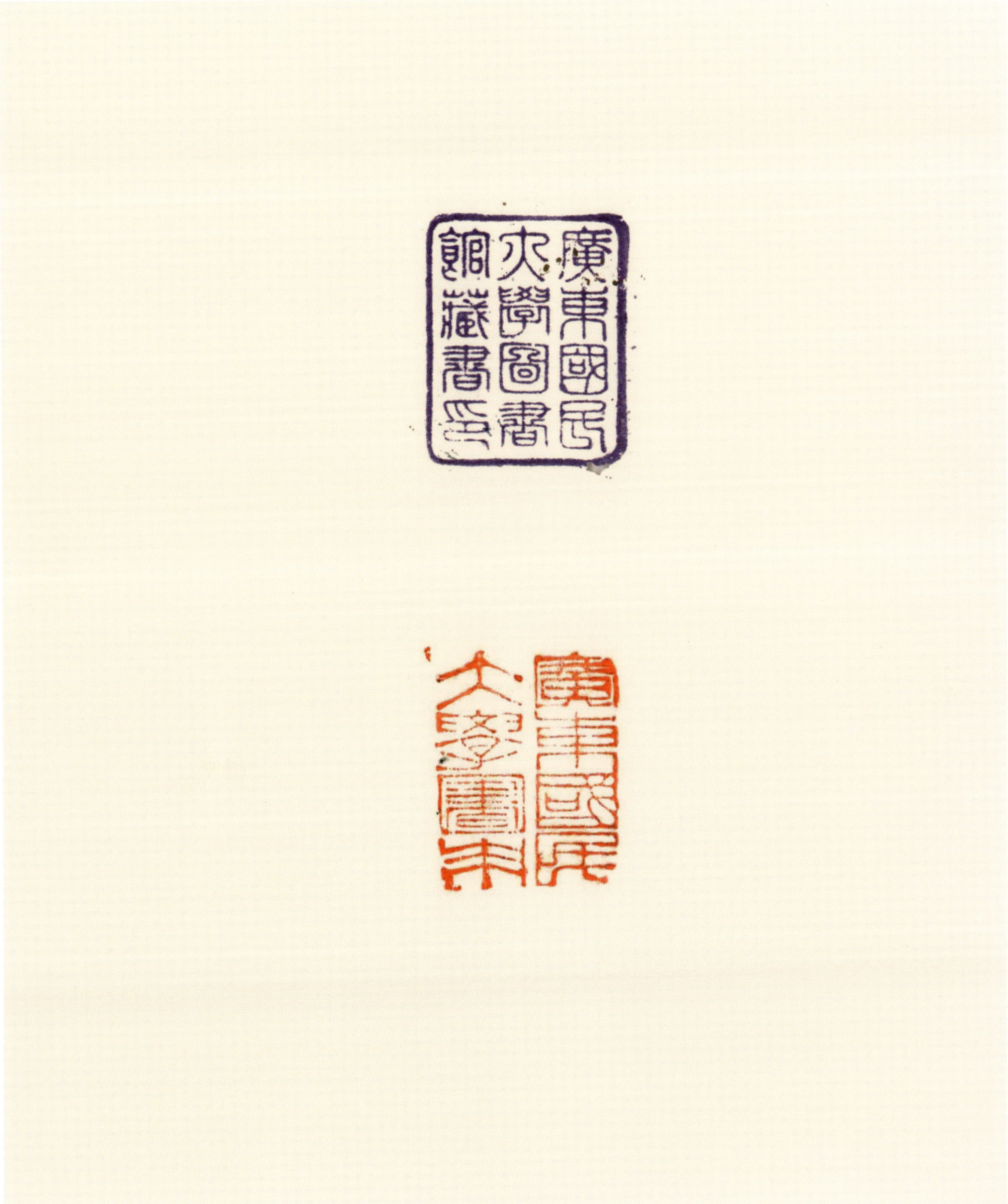
廣東國民大學圖書館藏書之
廣東國民大學圖書

私立岭南大学图书馆藏书章

私立岭南大学图书馆藏书章，见于华南理工大学档案馆珍藏的《工学季刊》第一卷及第二卷（1935—1936年出版，每卷4期）。

私立岭南大学为华南理工大学历史溯源主要学校之一，由格致书院（1888—1900年）、岭南学堂（1900—1912年）、岭南学校（1912—1918年）演变而成。

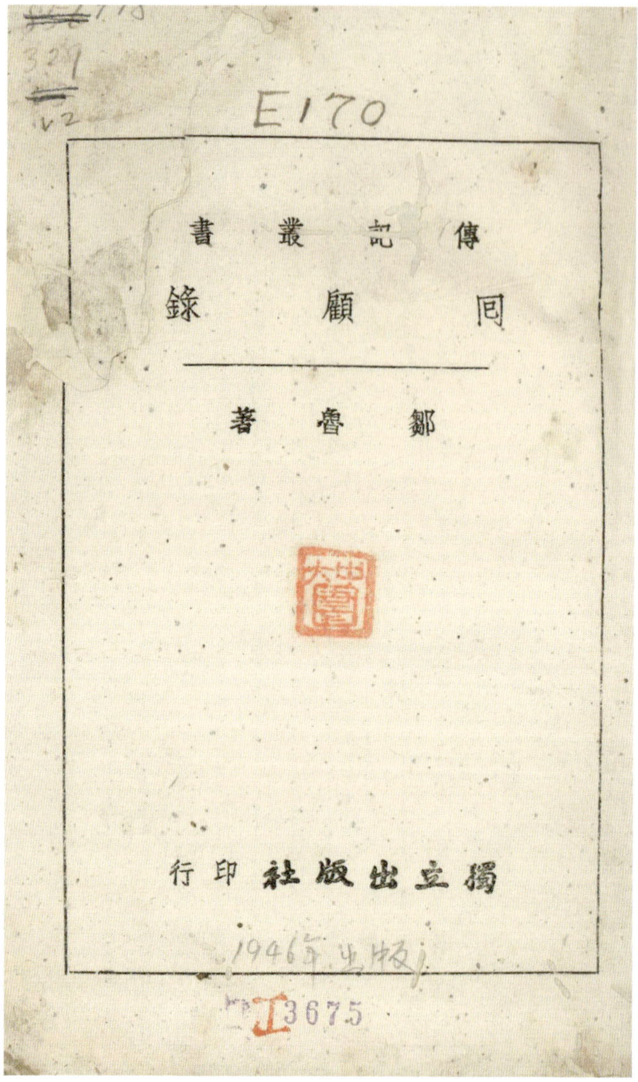

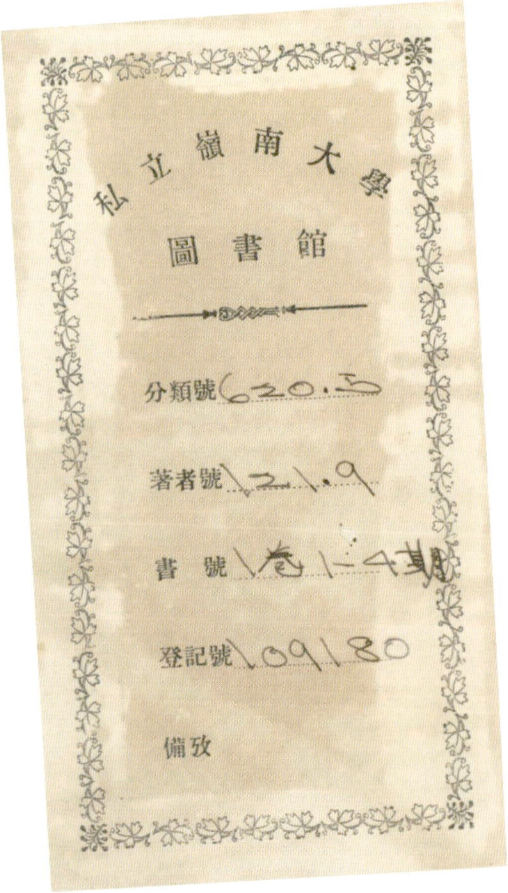

原国立中山大学图书馆藏书章

原国立中山大学图书馆藏书章，见于原国立中山大学首任校长邹鲁所著的《回顾录》第二册（1946年出版）、《中国抗战史》（1947年出版），两书均珍藏于华南理工大学档案馆。

原国立中山大学也是华南理工大学历史溯源主要学校之一，其前身为国立广东大学，成立于1924年。

华南工学院藏书章

华南工学院藏书章，见于华南理工大学档案馆珍藏的民国典籍《南支之展望》（1941年出版）、《建筑月刊》第一卷（1932—1933年出版）、《旅行杂志》第八卷（1934年出版）、《粤湘鄂赣四省特产联合展览粤会特辑》。

华南工学院为华南理工大学前身，组建于1952年11月，学校于1988年1月改为现名。

馆藏行政印章

“中共华南化工学院委员会办公室”印章，
木质圆章，已废止

“中共华南化工学院委员会调查证明材料专用章”，
木质圆章，已废止

扫码观看“华南化工学院印记”视频

“广东工学院”印章，
金属圆章，已废止

“广东工学院图书馆”印章，
木质圆章，已废止

“广东工学院机械工程系革命领导小组”印章，
木质圆章，已废止

“广东工学院造船系革命领导小组”印章，
木质圆章，已废止

“广东工学院无线电系革命领导小组”印章，
木质圆章，已废止

扫码观看“广东工学院印记”视频

“广东工学院建筑工程系革命委员会”印章，
木质圆章，已废止

“广东工学院马列主义教研组资料室”印章，
木质椭圆章，已废止

“广东工学院力学实验室”印章，
木质圆章，已废止

“广东工学院卫生所”印章，
木质圆章，已废止

“广东工学院汽车厂”印章，
木质长形章，已废止

“广东工学院后勤组水电厂”印章，
木质圆章，已废止

“广东工学院后勤组生活办公室”印章，
木质圆章，已废止

“广东工学院收发室”印章，
木质圆章，已废止

“广东工学院体育运动委员会”印章，
木质圆章，已废止

“中国共产党广东化工学院委员会”印章，
木质圆章，已废止

“广东化工学院轻化工系革命领导小组”印章，
木质圆章，已废止

“广东化工学院重化工系革命领导小组”印章，
木质圆章，已废止

“广东化工学院马列主义教研室”印章，
木质圆章，已废止

扫码观看“广东化工学院印记”视频

“中国共产党广东化工学院无机化工系总支委员会”印章，
木质圆章，已废止

“广东化工学院招生分配领导小组办公室”印章，
木质圆章，已废止

“中国共产党广东化工学院化工机械系总支委员会”印章，
木质圆章，已废止

“广东化工学院革命委员会教材出版办公室”印章，
木质圆章，已废止

“广东化工学院体育教研室”印章，
木质圆章，已废止

“广东化工学院石油化工深圳办公室”印章，
木质圆章，已废止

“广东化工学院枫湾化工厂”印章，
木质圆章，已废止

“广东化工学院水泥厂”印章，
木质圆章，已废止

“广东化工学院造纸厂”印章，
木质圆章，已废止

“广东化工学院体育运动委员会”印章，
木质圆章，已废止

“华南工学院图书馆”印章，
木质圆章，已废止

“华南工学院”印章，
金属圆章，已废止

“华南工学院学术委员会”印章，
木质圆章，已废止

“华南工学院教师学术委员会”印章，
木质圆章，已废止

“华南工学院教务处师资培养科”印章，
木质圆章，已废止

“华南工学院造船系”印章，
木质圆章，已废止

扫码观看“华南工学院印记”视频

“华南工学院轻化工系”印章，
木质圆章，已废止

“华南工学院机械工程一系”印章，
木质圆章，已废止

“华南工学院无线电器件系”印章，
木质圆章，已废止

“华南工学院电力系”印章，
木质圆章，已废止

“华南工学院机械工程系”印章，
木质圆章，已废止

“华南工学院出版社教材科”印章，
木质圆章，已废止

“华南工学院总务处房产管理科”印章，
木质圆章，已废止

“华南工学院总务处电话所”印章，
木质圆章，已废止

“华南工学院校友会”印章，
木质椭圆章，已废止

名人签字章

张进签字章

木质方章，张进在校期间所用签字章，已废止。

张进（1910年11月—1985年12月），出生于湖北蒲圻。他早年投身革命，参加过抗日战争和解放战争。1953年4月调入华南工学院任筹备委员会副主任，是华南工学院的主要创建者之一。后任党委第一书记兼副院长、院长、顾问等职，直至1985年12月逝世。

张进从学校筹建开始，一直到20世纪80年代，以其后半生的全部精力，倾注于我国的高等教育事业，为学校的发展做出了卓越的贡献，被称为“科研书记”。

古周全签字章

木质方章，古周全在校期间所用签字章，已废止。

古周全（1926年10月—2004年10月），广东惠阳人。1944年6月参加华南抗日游击队东江纵队惠阳大队，1945年4月加入中国共产党。先后参加抗日战争、解放战争、抗美援朝战争和抗法援越战争。

1964年4月，古周全从重庆炮兵学院转业回到广东，历任广东省政府人事局监察处副处长、中山医学院附属第二医院党总支书记、中山医学院副院长。1976年1月，调到华南工学院工作，历任华南工学院副院长、党委副书记、党委书记等职务。1984年4月退居二线担任学校顾问，1991年12月正式离休。

朱劭天签字章

木质方章，朱劭天在校期间所用签字章，已废止。

朱劭天（1917—2010年），红军老战士，中国共产党员。历任铁道部财务局局长、北京铁道学院院长、武汉大学党委第一书记，华南工学院革委会第一副主任、革委会主任、党委副书记、党委书记，广东省人民政府外事办公室副主任、广东省人大常委。1989年离休。2010年11月24日在广州逝世，享年93岁。

汪砺锋签字章

木质方章，汪砺锋在校期间所用签字章，已废止。

汪砺锋，1968年4月至1970年10月任华南工学院军代表及革委会主任。1970年10月，华南工学院改名为广东工学院，同时划出化工专业成立广东化工学院，1970年10月至1972年2月，汪砺锋任广东工学院党委书记。

李植光签字章

玉石质方章，李植光在校期间所用签字章，已废止。

李植光（1921年12月—2002年7月），出生于广东东莞。1938年参加革命工作，次年加入中国共产党，在战争年代顽强战斗，浴血奋战。1949年后，他曾任部队团政委、军区直属工区副政委。1965年转业后，曾任黑龙江省伊春特委副书记、齐齐哈尔市革委会副主任、广东化工学院革委会副主任、华南工学院副院长。

华园记忆

第四章

DISI ZHANG

KESHI MINGZHI

刻石铭志

水韵山光美校园，更移雅石缀其间。

文风习习滋桃李，作育良材年复年。

——华南理工大学校报编辑部原主任杨和文《华园石头记》，

原载于校报《华南理工大学报》2004 年 10 月 30 日第 824 期

华园多石刻。漫步华园，碑石、题字石、石亭等或镶嵌在红墙坚壁上，或点缀在花草丛林中。自古以来，人们就喜欢用石料来雕形刻字，既是喜它天然质朴，唾手可取，又因其牢不可摧的坚强品质，使得石刻背后的故事可以传诵千古。

华园中的石刻制品自是件件俱有一桩桩难忘的往事可以诉说。一方方建筑物碑石，凝练着先辈筚路蓝缕开垦华园的艰辛过往；错落点缀的题字石不仅仅单纯地用作地名提示，它们或是寄托了母校对学生的谆谆教诲，或是牵系着校友对母校的深情眷顾。

一座刘义亭，说不尽爱国将领保家卫国的动人事迹；一篇泳池铭，刻画了国仇家恨的沉痛历史；一片铭谊芳林，植下的是诺贝尔奖获得者与华园师生的难忘情谊……而这一切，都是先辈们留给后世的珍贵记忆，牢牢铭记在华园的石刻上。

碑石

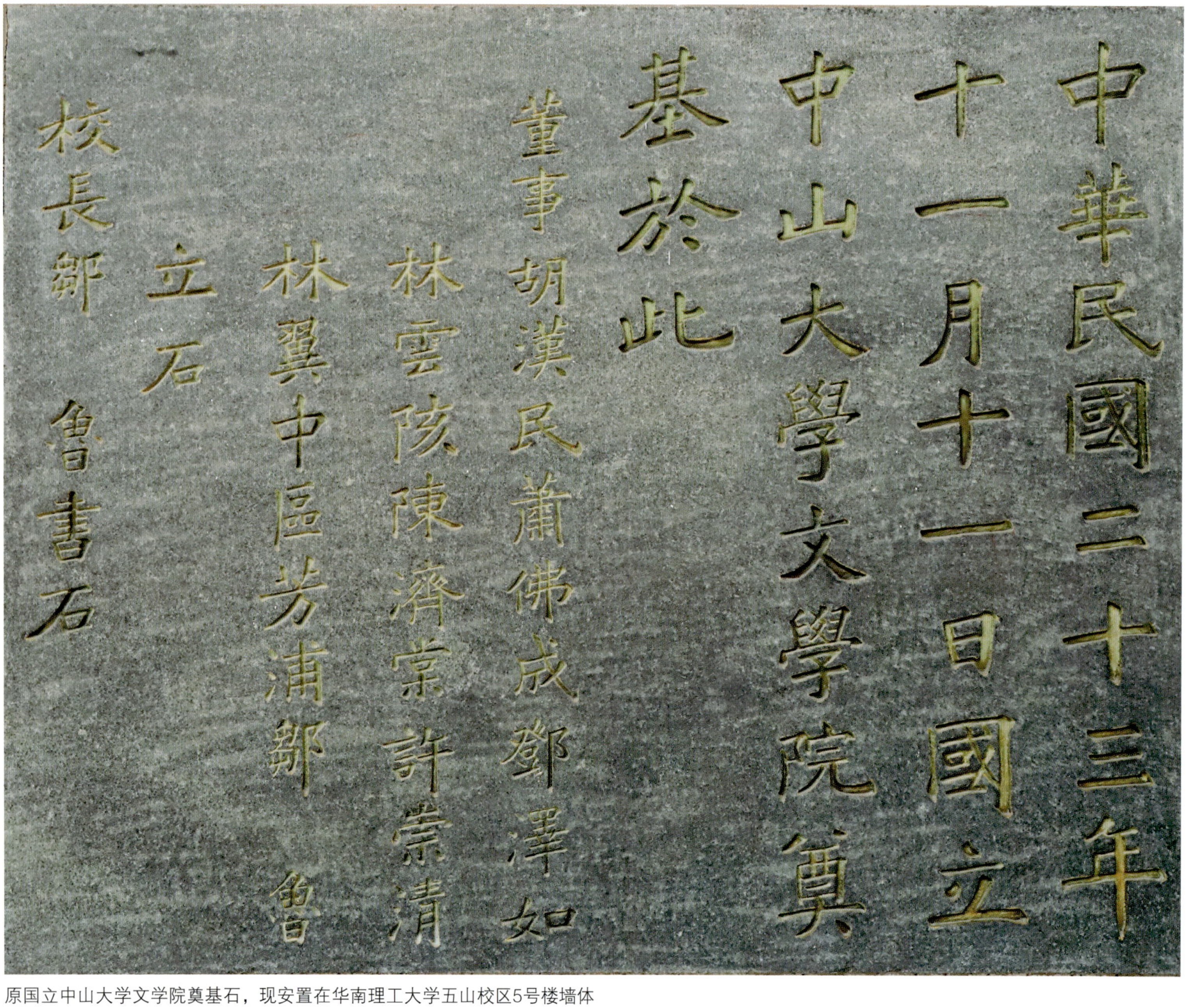

原国立中山大学文学院奠基石，现安置在华南理工大学五山校区5号楼墙体

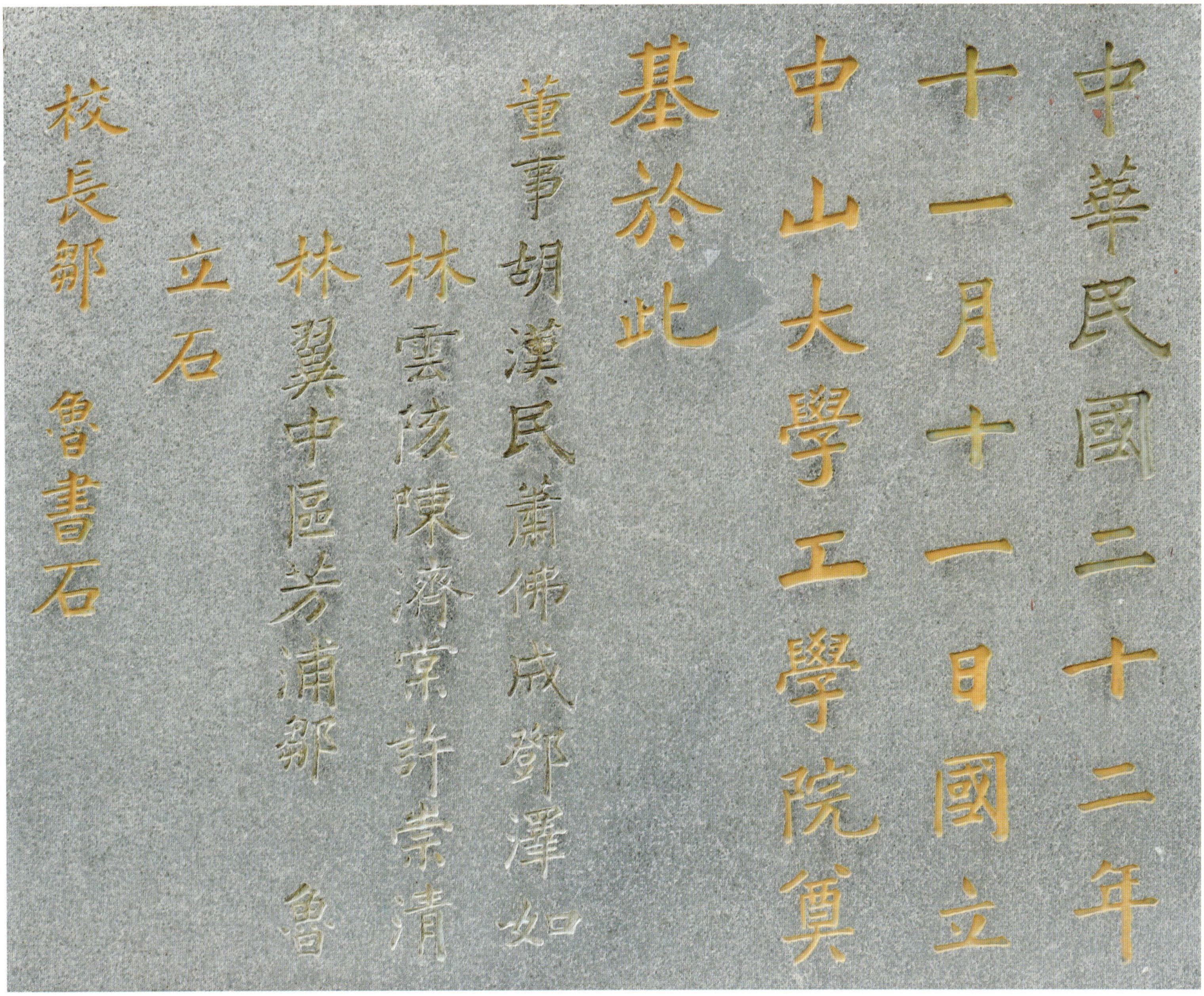

原国立中山大学工学院奠基石，现安置在华南理工大学五山校区8号楼墙体

原国立中山大学发电厂奠基石，现安置在华南理工大学五山校区该楼墙体

华南理工大学五山校区恒化楼碑石，现安置在该楼墙体

原国立中山大学理学院奠基石，现安置在华南理工大学五山校区6号楼墙体

华南理工大学五山校区励吾科技楼碑石，现安置在该楼墙体

华南理工大学五山校区麟鸿楼碑石，现安置在该楼墙体

华南理工大学五山校区原国立中山大学校门奠基石

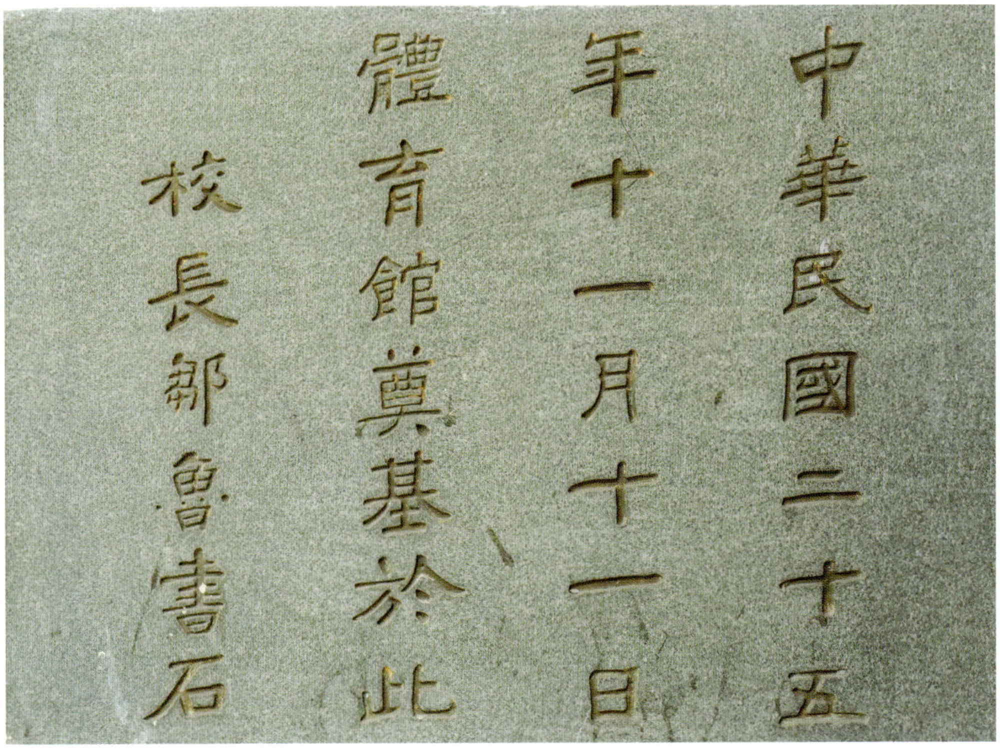

原国立中山大学体育馆奠基石，现安置在华南理工大学五山校区该楼墙体

题字石

扫码观看“华南理工大学五山校区校名石”视频

华南理工大学五山校区校名石

华南理工大学五山校区校名石位于五山校区南门广场，长5米多，高约2米，上刻毛体“华南理工大学”六个大字。

这块长方形花岗岩大石，是由时任党委书记刘树道、时任副校长吕廷秀于2002年华南理工大学50周年校庆前，前往英德市，由当地华南理工大学校友引导上山物色的。

华南理工大学校名石对于华南理工人而言，总有一份特殊的感情。无论是刚入学的学子，还是即将离校的毕业生，抑或是远道“归宁”的校友，都喜欢与校名石合影留念，以寄托对母校深深的爱。

西湖苑南门题字石

“西湖苑”石

华南理工大学五山校区有两块题写着“西湖苑”的石头，均由学校教育技术中心曾德川题写。它们分别放置于西湖苑的南门前和东门前花草丛中，其中置于南门前的石头为香港校友会常务副会长刘家汉校友所赠。两石均为西湖苑宾馆的醒目标志。

西湖苑宾馆位于学校美丽的西湖畔，与周边的西湖、金银岛和湖中亭连成一组自然和谐的人文景观。

西湖苑东门题字石

“泳池铭”石

1938年10月至1945年8月，侵华日军占据原国立中山大学校园作为司令部，恣睢据半山公园一角做泳池。据史料所载及民间口授相传，该泳池专供敌酋第二十三军中将司令酒井隆、田中久一等享用，直至日本投降。

该池现位于华南理工大学五山校区2号楼前东侧，学校自20世纪50年代中期以来，一直刻意空池以告诫师生。2004年，学校在池边勒石作泳池铭，以警醒华园学子勿忘国耻，潜心读书，为振兴中华而努力。

扫码观看“‘泳池铭’石”视频

“师恩”石

“师恩”石位于华南理工大学五山校区7号楼前。2016年，学校土木与交通学院30292（1992级工业与民用建筑专业）甲班同学为纪念毕业20周年捐予母校。石旁种有阔叶榕一株，寓意“十年树木、百年树人”，表达了毕业生对母校和恩师多年人才培养工作的赞颂。

“思源”石

2017年，华南理工大学土木与交通学院30283班（1983级工业与民用建筑专业）、30383班（1983级水利水电工程专业）毕业生为纪念毕业30周年，联袂捐赠“思源”石予母校，以表达对母校和恩师多年培养的感激之情。石上“思源”二字特别邀请建筑结构专家、中国工程院院士、中国工程设计大师、华南理工大学1953届土木工程系毕业生容柏生校友题写。

“思源”石现放置在7号楼前，两班校友同时于石旁种植香樟树一棵，该树直立挺拔、根深叶茂，一树两枝恰好象征了师出同源、齐头并进的30283班与30383班。

“芳林铭谊”石

五山校区3号楼、4号楼之间环境清幽的半山草坪上，散落着一片郁郁葱葱的小树林，其中树木错落有致，高低不一，棵棵俊秀挺立，这里便是学校著名的诺贝尔林。

2001年，诺贝尔化学奖获得者白川英树教授来到华南理工大学讲学，后被聘为华南理工大学名誉教授，他在这里种下了一株杜英树。此后每次来访华南理工大学，他都会来到诺贝尔林走一走。这棵由他亲手种下的小树苗一天天枝叶繁茂，见证着他与学校的友好交往、频繁合作，华园师生们的热情让他深为感动、印象深刻。

2001年5月，诺贝尔化学奖获得者艾伦·黑格教授到访华南理工大学作报告，同样在诺贝尔林种下一棵小树。多年来，华南理工大学力争与不同学科发展的国际领军人物建立实质性合作，诺贝尔物理奖获得者阿尔贝·费尔，菲尔兹奖获得者泽尔曼诺夫、安德烈·欧克恩科夫……一大批世界顶尖的科学家先后来到华园，在这里种下一株株学术“小树苗”，高瞻远瞩的国际化战略推动着学校的创新发展，助力华南理工大学在科研道路上收获累累硕果。

清晨，华园学子来到诺贝尔林晨读、学习，尽情吸收着学术的养分。小树苗们一天天长大，也见证着年轻学子的收获和成长。学校便在草坪边上树立起一块雅石，上刻“芳林铭谊”，以提醒华园师生铭记小树林中那一个个珍贵而难忘的友谊故事。

扫码观看“‘芳林铭谊’石”视频

2001年11月22日，2000年诺贝尔化学奖获得者白川英树教授在诺贝尔林植树

2012年10月，白川英树教授再临华南理工大学诺贝尔林

2001年5月，华南理工大学名誉博士、2000年诺贝尔化学奖得主艾伦·黑格教授（左二）在诺贝尔林植树

2012年12月19日，黑格教授再临华南理工大学诺贝尔林，当年种植的树苗已茁壮成长

2012年10月，2007年诺贝尔物理奖获得者、法国国家科学研究中心（CNRS）物理学家阿尔贝·费尔教授（右二）在诺贝尔林植树

“灵犀”石

“灵犀”石位于华南理工大学五山校区13号楼（食品科学与工程学院）旁，石质为出自福建九龙江一带的华安玉。这方巨型玉石高3米余，重16吨，为厦门校友会祝贺母校60周年华诞的献礼。“身无彩凤双飞翼，心有灵犀一点通”，“灵犀”石表达了厦门校友永感师恩，与母校两心相通的深厚情谊。

“感恩”石

“感恩”石置于华南理工大学五山校区麟鸿楼正门旁，2012年秋由材料科学与工程学院1982级陶瓷专业校友赠送。石上刻“感恩”二字，表达了校友对母校悉心培养的感恩之情。

滴水石

2012年夏，工商管理学院1983级本科生（学院第一届本科生）回校参加校友活动，因心念母校谆教之情，感怀岁月不居时节如流，遂捐赠滴水石一方，立于五山校区22号楼侧。其意有二：一寓滴水之恩，涌泉相报；二寓水滴石穿，不负有心之人。

滴水石背面的碑文

滴水石

“明志”石、“致远”石

“致远”石位于华南理工大学五山校区9号楼南面的草坪上，石上镌刻着由教育技术中心曾德川设计与书写的篆体“致远”二字。1995年建筑设计研究院扩建新办公楼时，自地下挖出该石，1996年学校将其迁移至此。该石作为装饰品，用于营造与烘托校园的人文环境。

如今，静卧校园二十余载的“致远”石，已成为一个既有观赏性又蕴含育人功能的人文景观，吸引着众多学子的目光，引发其对理想和未来的思考。

“明志”石位于五山校区5号楼前，这块价值昂贵、形态奇特的景石是2002年华南理工大学建校50周年之时，广西校友从广西柳州选送而来，作为赠送给母校的礼物。该石外形酷似一位深思的知识分子，底座刻篆体“明志”，与“致远”石遥相呼应。

“明志”“致远”二词均源自三国时期诸葛亮的《诫子书》：“夫君子之行，静以修身，俭以养德，非淡泊无以明志，非宁静无以致远。”学校在校园中树立两石，意在告诫华园学子：要想在事业上有所作为，须把个人名利和得失看淡一些；须让自己沉静下来，专心致志地学习，才能达到自己所追求的理想境界。

“致远”石

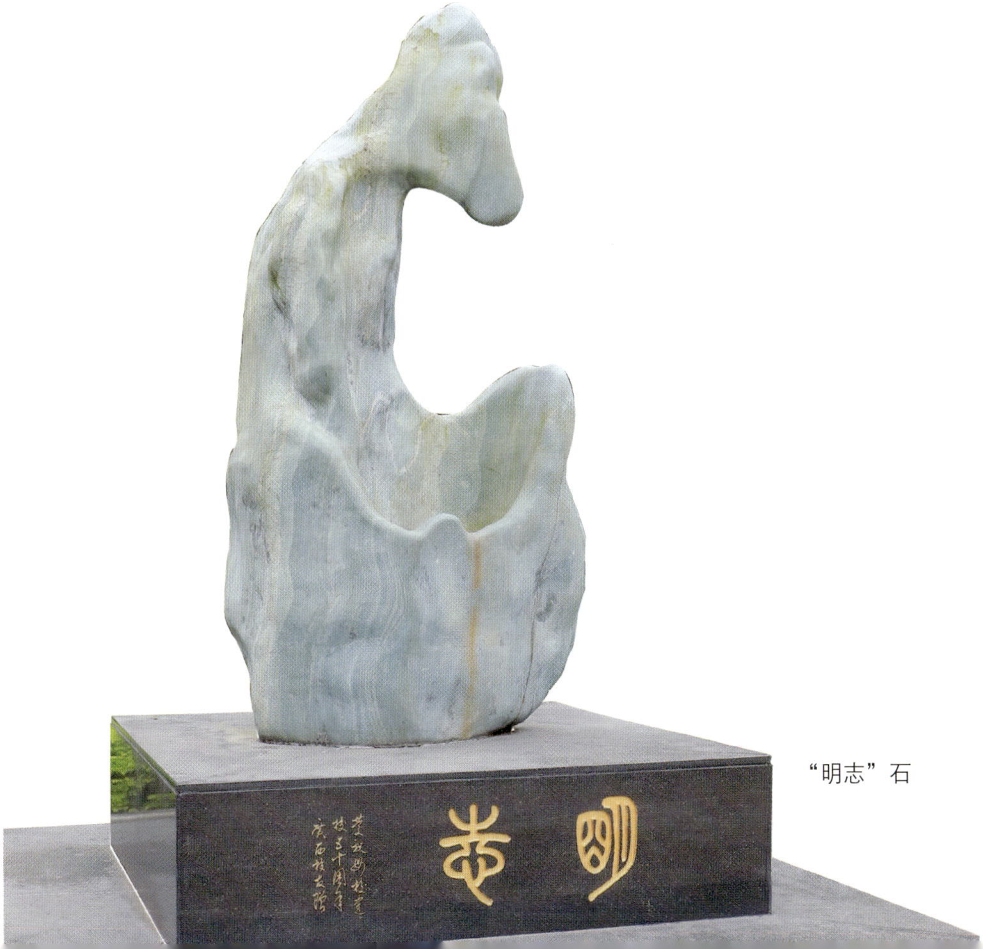

“明志”石

扫码观看“‘明志’石、‘致远’石”视频

“高山流水”石

“高山流水”石位于华南理工大学五山校区交通大楼旁，是土木与交通学院校友为母校60周年校庆送上的贺礼。土木与交通学院校友林魁、黄灿文、李统安、徐广流、骆国清等首先发起捐赠倡议，该院校友热心倾囊。最后由校友刘真学将军挥毫书写“高山流水”四字刻于石上。

该石为产自福建九龙江流域的华安玉，表面石纹呈流水花样，典雅别致，因石上题字“高山流水”，故又被称为“知音石”。知音石顶下凹，形如聚宝盆，寓意母校汇聚英才，兴旺发达。骆国清校友特为此石赋诗：“校友情意浓，将军笔生风。高山流水长，四海有知音。”

“悦苑”石、“沁园”石

华南理工大学五山校区22号楼之侧有两处人文景观。楼的外围为盆景区，名曰“悦苑”，区内盆景属岭南一派，摆置盆景117盆，由校友谢洲云先生与其好友李幸老先生共同捐摆。楼的内庭为水池区，名曰“沁园”，水池位于22号楼的中庭，池形为太极造型，既象征管理是科学与艺术的结合，又象征师生共进、教学相长。

李幸老先生对盆景情有独钟，其中一些盆景已陪伴老人50多个春秋，另有部分盆景更有百年盆龄。因李幸老先生要远赴美国定居，谢洲云先生与之协商后，共同把117盆盆景捐给工商管理学院摆放。盆景置于华园浓厚的人文氛围和优美雅致的环境之中，不仅满足了李老先生的浓浓心愿，也倾注了校友的拳拳情意。

闻知此事后，时任学校党委书记、工商管理学院校友会名誉会长刘树道对李老和校友的事迹深表赞赏，应工商管理学院邀请，欣然为之命名“悦苑”，又将相邻的水池区命名为“沁园”。其在英德出差期间，挑选质地优良、色质协调的石料，又从肇庆请来了专业篆刻师为之刻字。

悦苑与沁园的景观设计独特，意韵悠长，相映生辉，与22号楼幽静别致的环境融为一体。

“沁园”石

扫码观看“‘悦苑’石、‘沁园’石”视频

“悦苑”石

“观书有感”石

华南理工大学五山校区31号楼前立有一巨石，石上刻字：“问渠那得清如许，为有源头活水来”。诗句出自南宋朱熹《观书有感》，以源头活水比喻读书学习，人要心灵澄明，必须认真读书，获取新知。

此石由1989级研究生于2007年1月18日集体敬赠，该石旨在强调开卷有益，勉励华园学子努力学习，追求进步。

“晚晴园”石

华南理工大学教工住宅东区曾拥有原国立中山大学于1936年5月成片建造的40余栋教授住宅群，为当时学校主要领导和著名教授的住宅。1952年华南工学院组建后，居于此住宅区的有学校党委第一书记、教育家张进，广东省科协主席、杰出电子学家冯秉铨等。

历经八十余年风雨沧桑，建筑现仅存10余栋，房舍数易其主，部分住宅有结构老化现象，但总体仍然保存良好，风貌相对从前没有发生很大变化，具有一定的历史文化价值。

2013年，经学校东区教工住户委员会提议，学校决定在此空闲地修建晚晴园，并刻石为记，既为缅怀建校先驱，亦作为教工的休闲健身之所。

东区教授住宅之一

“晚晴园”石

华南理工大学大学城校区校名石

华南理工大学大学城校区校名石位于大学城校区正门内广场。该石长约6.3米，高约2.5米，上刻毛体“华南理工大学”六字。这块巨石同样是由时任党委书记刘树道从英德市选定的。

2004年华南理工大学大学城校区建成后，学校仿照五山校区的格局，同样在大学城校门口安置“华南理工大学”校名石。大学城校区承传了五山校区的布局与风韵，在青山绿水之间点缀若干有灵气的石头，形成多处校园人文景点，两校区南北呼应，各自成趣。

扫码观看“华南理工大学大学城校区校名石”视频

凉亭

湖中亭，摄于1959年

湖中亭

华南理工大学五山校区西湖上有座小亭，人称湖中亭。

20世纪30年代初，原国立中山大学在石牌开山填沼，改农田建校园，至1934年第一期工程竣工时，当时的洞庭湖（现西湖）上便有了这座小亭。时任校长邹鲁曾为湖中亭赋诗：一亭峙立水中央，消夏曾来备酒浆。傍晚归时轻棹桨，微波荡漾入斜阳。

1963年，学校曾翻修小亭。1983年底，首置石桥使之与湖岸相接，并加设了亭栏与坐凳。2003年10月，又将小亭修葺一新，挂上亭额和楹联。

楹联“雾蒙绿岛琅琅书韵知何处；月印西湖熠熠珠光属此亭”为校报编辑部原主任杨和文所作，广东省书法家协会原副主席、学校兼职教授连登题书。

扫码观看“湖中亭”视频

湖中亭，摄于1982年前

湖中亭与金银岛，摄于1999年

湖中亭，摄于2003年

湖中亭，摄于2019年

启新亭

启新亭位于华南理工大学五山校区，由岭南近现代著名建筑师、建筑教育家林克明设计，建成于1935年5月1日。亭上曾悬挂有由原国立中山大学校长邹鲁所题写的“缔造艰难”亭额，后被毁。

1925年，原国立中山大学在石牌进行农场勘界收用时，发生了师生遭殴流血事件。当年5月1日，周边村民以风水迷信为由，阻挠农场勘界收用，8名师生被殴。学校迁入后，组织师生为周边村民服务，以获得对方好感。后来，农学院师生便捐资在当年遭殴之地建亭，以纪念农场开创过程中所经历的艰辛。启新亭竣工之日，适逢农场成立10周年之际，四乡皆载酒舞狮助庆。

2002年前后，华南理工大学翻修了濒临倒塌的启新亭，使其重现旧日风采。

启新亭，摄于1935年

启新亭，摄于2008年

启新亭，摄于2019年

扫码观看“启新亭”视频

刘义亭

刘义亭始建于1936年5月，位于华南理工大学五山校区北区梁山山腰上，为纪念晚清抗法援越和抗日保台著名将领刘永福而建造。

刘永福（1837—1917年），字渊亭，本名义，广西钦州人。曾参加广西天地会农民起义，后在桂、滇边境组织黑旗军。1873年和1883年两度应越国请援，率部抗法，被越封为三宣提督。中法战争中，屡出奇兵败敌，后受清政府收编，以记名提督用之。1894年8月帮办台湾防务，次年因清政府割让台湾，遂退返大陆。1911年9月加入同盟会，辛亥革命后即被荐为粤民团总长，月逾因病辞职。

扫码观看“刘义亭”视频

刘义亭坐落于当年刘永福驻军的旧营盘地，亭中所竖记事碑碑文为原国立中山大学时任校长邹鲁题写，其中“登斯亭者，咸能继将军御侮之志，则民族复兴可指日焉”，意在勉励学生发奋读书，复兴民族。

该亭后曾遭破坏，1987年和2005年，学校曾两度重新修缮此亭。2005年9月，更在亭边立石记载刘永福将军的功绩，以供后人缅怀。

刘永福功绩碑石

刘义亭，摄于1992年

刘义亭，摄于2019年

刘义亭，摄于2008年

亭中记事碑

刘义亭，摄于2019年

华园记忆

第五章

DIWU ZHANG
SHIGUANG LIUYING

时光留影

一张保存很好的“敬师义演”合影照，在人们手中传递着，这些年近花甲的人从里面找寻20岁的自己。在玉兰树下的石凳上，当年的“驼子”和“马车夫”情不自禁地唱起旧曲，一曲甫尽又序一曲，歌声浑厚苍老，自然不似旧年，那种怀念，那种忘情，令人感动。

——谷青《风雨四十载 拳拳学子情——爱国民主协会成员回母校散记》，原载于院刊《华南工学院》1987年6月12日第533期

在手机随手可拍的今天，年轻的学子恐怕很难体会早期华园人摄影的不易以及他们对老照片的珍惜与喜爱。照相机将时光永远定格在难忘的一刻，每每翻阅老照片，犹如轻轻打开隽永的记忆，总让人感慨万千，回味无穷。

我们从学校档案馆收藏的大量而珍贵的历史照片档案中，甄选出极具时代特色和丰富内涵的若干老照片，它们或反映学校在发展变革的过程中的景观变迁，或记录华园师生在工作学习中的动人风采，或再现学校每一个重要发展节点的珍贵画面。沧海桑田，岁月变迁，老照片带领人们穿越时空，回溯华南理工大学走过的每一个坚定步伐，聆听华南理工人在历史长河中奏响的每一段青春乐章。

景观变迁

东区运动场，摄于1935年

2号楼，摄于1959年

2号楼，摄于2000年前后

西湖，摄于1959年

学生泛舟西湖，摄于1959年

校友与西湖、金银岛，摄于1979年

金银岛风光，摄于1985年前

20世纪80年代，五山校区东湖景观

成人教育培训楼

1981年，根据教育部的指示精神，华南工学院复办函授教育和夜大学。1987年12月，学校根据需要成立成人教育学院。

成人教育培训楼，摄于20世纪80年代，该楼现已另作他用

华南工学院正门，摄于1983年

华南理工大学正门，摄于1989年

北湖风光，摄于20世纪80年代

北湖风光，摄于20世纪90年代

华南理工大学附中校门，摄于1992年

人物风采

华南工学院组建时期部分专家、教授合影
前排左一誉文德，前排左二康辛元；前排右一杨家智，前排右二陈永龄；后排左一徐学澥，后排中刘鸿，后排右一符罗飞

广东省教授专家参观团合影
1956年8月，学校教授朱惠照、余仲奎、梁绰余、方棣棠、康辛元、李文红、黄朝中、龙庆忠、伍金声、李启化10人作为广东省教授专家团成员，赴上海参观学习。照片中，后排左一余仲奎，左四方棣棠；第二排右一康辛元，右二伍金声

刘振群教授（右）与他的老师王宗和教授（左）

王宗和教授长期从事化学化工和制浆造纸的教学与研究，是华南理工大学制浆造纸工程和精制浆研究相关学科的创始人与学术带头人。刘振群教授长期从事无机材料、陶瓷、硅酸盐的教学与研究，1959年中国科学院编写的《十年科学成就》一书，评述了刘振群教授的陶瓷烧成工艺的“稀码、短窑、快烧”热工理论

1958年度华南化工学院造纸系毕业同学合影，
背景为五山校区老图书馆

1960年，时任学校党委第一书记张进同志在全校师生大会上作工作报告，号召把华南工学院办成第一流的大学

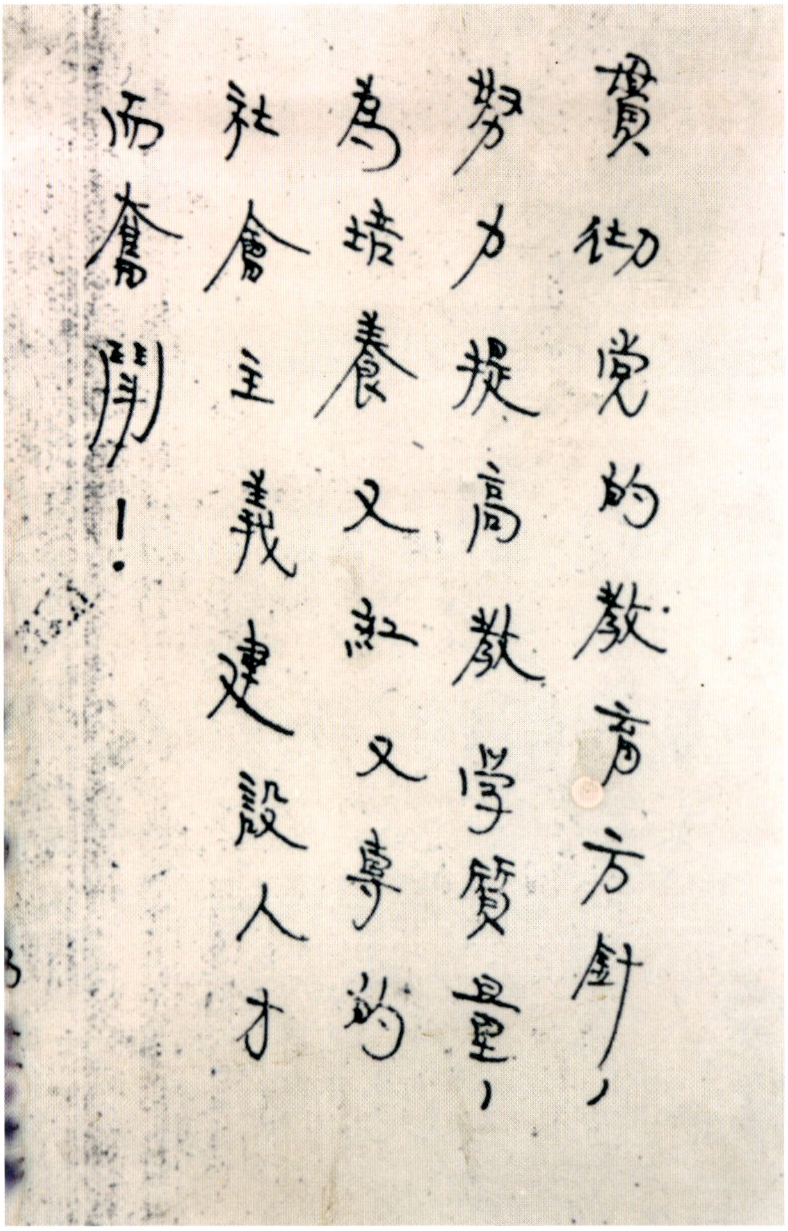

1962年11月17日，时任院长罗明燏为庆祝建校10周年题词：“贯彻党的教育方针，努力提高教学质量，为培养又红又专的社会主义建设人才而奋斗！”

1960年10月，时任广东省省长陈郁（右三）视察华南工学院，时任党委第一书记张进（右四）等陪同

1960届华南化工学院干部特别培训班毕业留影

1961届华南化工学院合成橡胶工学专业首届毕业生毕业留影

1961年12月，华南工学院与广州军区炮兵参加科研工作的全体人员在学校4号楼前合影

中新图片：符罗飞教授（中）在华南工学院美术研究室评论学院的作品
中新社传真 黄永照 1962.06.25 摄

1962年6月25日，符罗飞教授（中）与学生

1973年8月，广东化工学院首届工农兵学员毕业留影

1975年12月，广东工学院七〇二专业（70272班）首届工农兵学员毕业留影

1977年4月，广东工学院电力系第二届学生会
暨欢送韩雪莹同志（前排右二）赴藏留念合影

1976年6月11日，美籍华人周昌教授到华南工学院讲学。学院领导张进（左一）、冯秉铨（左二）等陪同周昌教授参观教学楼

1985年，最早应聘为学校名誉教授的周昌教授再次来校讲学

华南工学院1977级外语师资班合影

“50177”班部分学生

“50177”班部分女同学

华南工学院“50177”班

“50177”意即无线电技术专业1977级，其中“501”是当年无线电技术专业的代码，“50177”班总共分3个小班。这个优秀的班集体走出了大批如李东生、霍东龄等中国改革开放的领航者、开拓者、民族企业家。

课堂上的“50177”班学生

“50177”班部分男同学

“50177”（2）班毕业合影

1986年6月，化学系《物理化学》助教进修班学员在1号楼门前合影

1994年10月，何镜堂教授荣获“全国工程勘察设计大师”称号

1986年10月，广东省高等学校研究生教育协会举行成立大会。前排左六为时任广东省高教局副局长周鹤鸣，左十为时任广东省副省长王屏山，左十一为时任华南工学院副院长徐秉铮

1988年11月，华南理工大学校庆36周年暨半导体专业创办30周年校友合影留念

历史一瞬

1958年，华南工学院机械制造专业同学在机械厂进行生产作业。机械厂现已拆除，相关地块改建成教学楼

1958年，华南工学院师生进行模拟电子计算机实验

社論

党的教育方針的凱歌

——祝教育与生产劳动相結合展覽会开幕

年以来，全国各地进一步貫徹了党的教育方針，做育为无产阶级的政治服务，教育和生产劳动相結合，教育事业万馬奔騰，飞跃前进。我国政治战綫和思想上的社会主义革命的胜利，为教育革命打下了思想基我們党的教育方針，已經發生巨大的威力，高奏凱从胜利走向胜利。在北京举行的教育与生产劳动相結覽会上，展品丰富多彩，美不胜收。这就是我国教育伟大胜利的一幅縮影，是党的教育方針的凱歌！通过展覽会，我們看到全国学校教育結合生产劳动的大丰德育、智育、体育几方面都有飞跃的提高。这次展覽会交流經驗，取长补短，促进我国教育革命的深入發展，革命和技术革命并駕齐驅，迅速改变着我国又穷又白貌，加速建成社会主义，为过渡到共产主义創造条件。教育和生产劳动結合，理論与实际密切联系，进一步青年学生在实踐中發現問題。为了解决生产实践中題，他們猛攻科学堡垒，有許多学生已攀上科学技术端。在教育与生产劳动相結合展覽会上，最引人注是在科学技术尖端方面的成就。我們看到，北京大学千万电子伏特的感应加速器，天津大学的电力系統交算台和質子回旋加速器，哈尔濱工业大学的专用快速电子計算机，东北工学院的快速电子数字計算机，北京邮电学院的彩色传真机，华南工学院的模拟电子計算机，天津二十二中的半导体自动控制器，以及許多学校几百种的尖端科学技术成就。这些尖端科学技术成就，几乎都是青年教师和学生在参加生产劳动、联系实际以后創造或者仿造出来的。这就說明，教育結合生产劳动，是我国实現文化革命的正确道路，是走向共产主义的必要条件。教育和生产劳动分离，会使人們陷入“迷宫”，思想僵化。而教育和生产劳动結合，就会解放思想，破除迷信，敢想敢說敢做，有生命力，能够拿下尖端科学堡垒。一些資产阶級的专家和教授原来以为要搞科学研究，离开了他們就不行。可是在这样短的时間内，我們学校的科学研究工作就开出了奇异花朵。当然，有些人还可以批評我們的教育工作，还有缺点，还不完善。可是，要知道任何新生的东西，在开始的时候，都不可能十全十美的，它正如旭日东升，日趋完美；而旧的东西，則正在走向死亡，它和新时代不相适应。用旧办法来办教育，絕不会得到这样的成就。我們相信，随着許多高等学校半工半讀，教育生产劳动的进一步紧密結合，徹底改变資产阶級的脫离生产实际的做法，尖端科学技术堡垒必然一个个被攻下，明天又将超过今天，胜利的紅旗越插越高，凱歌越唱越响。

在教育和生产劳动結合的方針指导下，全国学校进行了教学改革，掀起了群众性教学改革和編写教材的运动。在教育与生产劳动相結合展覽会上，教学改革的成果也作了集中的反映。北京大学哲学系徹底进行教学改革，将参加生产劳动列入正式課程中，实行半工半讀，把課堂搬到农村，使理論为实践服务，实践检驗理論。高等学校地理系过去实習，是“脚踏廬山頂，仰臥西湖边，归来問收获，空話一大篇”。而現在南京大学地理系，結合生产实际，發現了藏水四百亿吨的世界第二个地下海和藏水十五亿吨的地下古长江。河南长葛三中勤工俭学推动了教学改革，通过生产劳动，編写出乡土教材。在教学改革中，各个学校大破大立，破关門办学、为教学而教学，立面向社会、为政治服务；破只专不紅、脫离生产、脫离实际，立又紅又专、手脑并用、全面發展；破从理論到理論又到理論的公式，立从实践到理論又回到实践的公式。現在的学校，眞是“莘莘学子亦工人，工厂学院两难分”。教学改革的巨大成果，正是党的教育方針的伟大胜利。学校开始徹底摆脫資产阶級的办学方式，肅清資产阶級教育思想的影响，向共产主义教育的道路前进！ （下轉第二版）

1958年11月1日，《人民日报》发表社论提及华南工学院的模拟电子计算机

1959年，华南工学院师生研制俄汉文翻译计算机

华南工学院机械系师生
制成电子計算机程序控制銑床

广州华南工学院机械系师生制成了「电子計算机程序控制銑床」，向国庆献礼。「电子計算机程序控制銑床」能加工精密复杂的产品，如样板、模型、汽輪机和飞机螺旋桨、机翼等。它在技术上采用了自动学、机械学、电子学的一些新成就，对开展科学研究与促进生产有一定价值。圖是助敎師慕良正在操縱台工作。

新华社記者 黄熾和摄

1959年9月27日，《光明日报》以图片新闻形式报道华南工学院电子计算机程序控制铣床研制成功的消息，文中图片为钟慕良老师正在调试机器

1978年7月，学院临时负责人冯秉铨在华南工学院和广东化工学院两院合并大会上讲话

1978年7月，华南工学院和广东化工学院两院合并大会现场

20世纪70年代，广东化工学院师生参加石牌地区万米越野赛跑

20世纪70年代末，华南工学院举行欢送毕业同学走上工作岗位仪式

华南工学院更名为华南理工大学

1988年1月，华南工学院获准更名为华南理工大学，校内举行了简单而隆重的更名仪式。

工作人员在校门楼上进行改牌工作

电教中心工作人员拍摄更换门牌后的校门

学校领导在更名后的校门口前合影

为庆祝学校更名，校门口燃起了喜庆的爆竹

1992年4月10日，由香港邵逸夫先生捐资400万港币建设的逸夫科学馆之奠基仪式在华南理工大学五山校区举行

1992年11月16日，华南理工大学建校40周年前夕，工商管理学院成立大会在五山校区北区召开

1992年11月17日，华南理工大学建校40周年庆祝大会在五山校区1号楼广场举行

1992年11月17日，管乐队在学校南门前奏乐，热烈欢迎前来参加40周年校庆的来宾和校友

1992年11月，华南理工大学举行校庆40周年“汽车杯”田径运动会

1992年11月，华南理工大学与IBM中国公司合作建设的计算机辅助软件工程教学中心在3号楼前举行剪彩仪式

1995年11月17日，学校举行汕头校友楼奠基仪式

1997年，校园里的喜迎香港回归宣传栏

1997年6月10日，学校与德国西门子公司联手共建的“西门子（华南理工大学）自动化培训中心”在3号楼前举行揭幕仪式

1997年8月，美国IBM公司赠送学校大型计算机S/390全套系统，价值高达1 600万美元以上，这是IBM公司截至当时价值最大的一次捐赠，使得学校的固定资产翻一番

1998年3月23日，学校选民投票选举天河区第五届人大代表，图为五山校区2号楼门前中心广场投票现场

参考文献

[1] 陈国坚. 华南理工大学校园建筑与人文景观[M]. 广州：华南理工大学出版社，2008.

[2] 本书编写组. 华南理工大学教授名录[M]. 广州：华南理工大学出版社，2002.

[3] 刘战. 华南理工大学史[M]. 广州：华南理工大学出版社，1994.

[4] 广州市档案馆. 侵华日军在广州暴行录[M]. 北京：中国档案出版社，2005.

[5] 杜小明，王迎军. 岁月华园[M]. 广州：华南理工大学出版社，2012.